Conversaciones Triviales

Una Guía para Introvertidos Tímidos para Ser Más Amables y Construir Mejores Relaciones, Incluso si Padece Ansiedad Social

© **Copyright 2020**

Todos los Derechos Reservados. Está prohibida la reproducción total o parcial de este libro sin la autorización por escrito del autor. Los críticos pueden citar pasajes breves en sus revisiones.

Aviso Legal: Está prohibida la reproducción total o parcial de este libro en cualquier forma y cualquier medio, mecánico o electrónico, incluyendo fotocopiado o grabaciones, o mediante cualquier otro dispositivo de almacenamiento y recuperación de información, o por correo electrónico sin la autorización por escrito del editor.

Si bien se han realizado todos los intentos para verificar la información proporcionada en esta publicación, el autor y el editor se deslindan de toda responsabilidad por errores, omisiones o interpretaciones contrarias del tema.

Este libro es sólo para fines de entretenimiento. Las opiniones expresadas pertenecen al autor y no deben tomarse como instrucciones u órdenes de expertos. El lector es responsable de sus propias acciones.

El cumplimiento de todas las leyes y regulaciones aplicables, incluidas las leyes internacionales, federales, estatales y locales que rigen las licencias profesionales, las prácticas comerciales, la publicidad y todos los demás aspectos de hacer negocios en los Estados Unidos, Canadá, el Reino Unido o cualquier otra jurisdicción, es responsabilidad exclusiva del comprador o lector.

El autor y el editor se deslindan de toda responsabilidad u obligación alguna en nombre del comprador o lector de este material. Cualquier percepción individual u organización es puramente involuntaria.

Tabla de Contenido

INTRODUCCIÓN 1

CAPÍTULO 1: ¿QUÉ ES LA PEQUEÑA CHARLA? 3

CAPÍTULO 2: COMPRENDIENDO A LOS INTROVERTIDOS Y CÓMO INTERACTÚAN CON EL MUNDO 8

CAPÍTULO 3: ¿EXISTE ALGUNA VENTAJA DE SER TÍMIDO? 15

CAPÍTULO 4: ¿CUÁL ES LA DIFERENCIA ENTRE SER TÍMIDO Y SER INTROVERTIDO? 21

CAPÍTULO 5: LA ANSIEDAD SOCIAL LE ESTÁ REPRIMIENDO Y CÓMO DEJARLA ATRÁS 25

CAPÍTULO 6: HABILIDADES PARA ESCUCHAR QUE PUEDEN FACILITAR LAS PEQUEÑAS CHARLAS 31

CAPÍTULO 7: CONSEJOS PARA INICIAR UNA CONVERSACIÓN Y MANTENERLA 39

CAPÍTULO 8: ¿PUEDO HACER AMIGOS SI SOY INTROVERTIDO? ... 45

CAPÍTULO 9: COSAS SIMPLES QUE PUEDE HACER PARA SER MÁS SIMPÁTICO 50

CAPÍTULO 10: CÓMO INICIAR Y CONSTRUIR RELACIONES COMO INTROVERTIDO 55

CAPÍTULO 11: OTRAS MANERAS DE INCREMENTAR SUS HABILIDADES DE COMUNICACIÓN 64

CAPÍTULO 12: CONSEJOS PARA DESARROLLAR SUS HABILIDADES SOCIALES 75

CONCLUSIÓN 83

Introducción

Los siguientes capítulos analizarán lo que necesita saber como introvertido, o alguien tímido, acerca de comenzar una pequeña charla. Como introvertido, es probable que prefiera pasar tiempo en casa, leyendo un libro, viendo un programa o haciendo otro pasatiempo que podría no considerarse "social". Así es como renueva su energía y toma un descanso de toda la socialización que obtiene en el trabajo o en la escuela.

Pero existen algunas situaciones en las que necesita hablar con otras personas, y la pequeña charla consecuente puede ser complicada y, a menudo, lo detiene sin nada que decir.

Esta guía le ayudará a lidiar con las conversaciones sociales y puede convertirlo en un experto en conversaciones breves, sin importar su nivel de experiencia anterior. Si usted es un introvertido tímido, es muy importante lograr mantener una conversación y convertir esa pequeña charla simple sobre temas sin importancia en una conversación profunda más adelante, y le ayudará a forjar las amistades duraderas que necesita y desea.

En esta guía, aprenderemos algunos temas diferentes, especialmente sobre cómo los introvertidos y las personas tímidas son dos rasgos de personalidad diferentes (puede ser tímido sin ser introvertido, y no todos los introvertidos son tímidos) y cómo perciben el mundo de manera diferente.

A partir de ahí, descubriremos valiosos consejos que le ayudarán a convertirse en un experto en la pequeña charla. Veremos cómo convertirse en un oyente activo, en lugar de solo pensar en lo que dirá a continuación, cómo ser más simpático y más.

Existen diversas instancias en nuestras vidas en las que la pequeña charla puede ser importante. Y para un introvertido tímido, estos tiempos pueden ser un desafío. La mayoría de los introvertidos prefieren quedarse en casa y no involucrarse socialmente. Pero aún pueden necesitar presentarse a eventos familiares y con amigos, para trabajar o para hacer nuevas amistades. ¡Esta guía le proporcionará las herramientas necesarias para obtener realmente excelentes resultados con la pequeña charla, al mismo tiempo que celebra todas las cosas que hacen que un introvertido sea único!

Capítulo 1: ¿Qué es la Pequeña Charla?

Antes de descubrir algunos consejos que lo ayudarán a mejorar sus habilidades de pequeña charla, primero debemos entender lo que esto significa. Las pequeñas charlas son un tipo de conversación socialmente aceptable que esencialmente no tiene sentido cuando se trata de su contenido, pero puede cumplir una función importante en ciertas situaciones y contextos.

Por ejemplo, en muchos países de habla inglesa, se considera poco amistoso o grosero que las personas no participen en pequeñas charlas. Cuando esté buscando los temas correctos sobre los que hablar con este tipo de conversación cortés, se espera que se conserven comentarios no personales sobre temas no controvertidos.

Una pequeña charla es una manera de ser amigable, para que algunos amigos se pongan al día rápidamente, o simplemente para pasar el tiempo cuando está esperando en un evento o en la fila, pero no es el momento de exponer todas sus opiniones políticas o intentar iniciar un debate. Mantener la conversación lo más sencilla y casual posible es la clave para garantizar que la pequeña charla tenga éxito.

Un buen ejemplo de una pequeña charla es hablar sobre el clima. De hecho, este es un tema que muchos de nosotros usamos a diario cuando nos encontramos con personas que solo vemos ocasionalmente o cuando conocemos a alguien nuevo. Por ejemplo, puede encontrar que mientras charla con el cajero cuando recibe sus compras, habla sobre el clima o un poco sobre sus planes para el fin de semana.

Entablar una conversación como esa a veces puede estar relacionada con la situación en cuestión, como esperar en una fila. ¿Cuántas veces ha estado esperando en la fila en la tienda o en la oficina de correos y luego comenzó a hablar con alguien cercano sobre lo lenta que se mueve la línea ese día? Puede usar las pequeñas charlas y otras formas de comunicación con aquellos con los que se relaciona todos los días, pero no con quienes no conoce muy bien. Otro buen ejemplo es una persona con la que se encuentra en los pasillos de su departamento, pero nunca habla realmente durante más de unos minutos.

Las pequeñas charlas también pueden ser comunes en las fiestas, como cuando todos los invitados conocen al anfitrión, pero en realidad no se conocen del todo. Durante ese tiempo, se consideraría inapropiado, y un poco incómodo, que nadie interactuara o hablara entre sí. Entonces, cada persona comenzará a reunirse y hablar sobre temas intrascendentes para ayudar a romper el hielo.

Una forma de lograrlo— especialmente en una fiesta— es con un cumplido, como una mujer felicitando a otra por su vestido. Si bien los cumplidos son aceptables, tampoco deberían incomodar a la otra persona, al referirse al cuerpo de la persona o al sonar como una línea de ayuda. Los invitados que se encuentren en la mesa del buffet pueden hablar sobre la comida que se ofrece, mientras deciden qué colocar en sus platos para comer.

El punto es que se supone que una pequeña charla no tiene que ser muy profunda. Dado que la mayoría de las pequeñas conversaciones se producen entre usted y alguien que no conoce en absoluto, o al menos alguien que no conoce muy bien, realmente no desea que sea mucho más profundo que la duración de la fila o el clima reciente. Mantener las cosas ligeras y casuales es el punto de conversación.

Cuanto más general sea el tema, mejor será para todos los involucrados.

Existen algunas personas a las que les encanta hablar en voz baja. Puede que les agrade comunicarse verbalmente con otras personas, o pueden encontrar el silencio incómodo en algunos casos. Existen otros a quienes les agrada conocer gente nueva y descubren que realmente disfrutan hablando y aprendiendo más sobre ellos. A algunas personas no les agrada esa pequeña charla, y a menudo temen salir o asistir a una fiesta debido a ello.

Cada persona trata las pequeñas charlas de manera diferente. Algunas personas descubren que pueden encontrarse con cualquier persona y establecer una conexión con cada persona con la que se encuentran. Y también están aquellos que realmente lidian con las pequeñas charlas y tal vez llevan consigo una lista de temas para que puedan pensar en ellos cuando la conversación tiende a desfasarse un poco.

Para muchos introvertidos, participar en las pequeñas charlas es un desafío. Es posible que ya les resulte difícil hablar con otras personas, especialmente con aquellas que no conocen del todo. Tal vez ya están lidiando con el lugar o la situación en la que se encuentran si resulta ruidoso, nuevo o algo que no les gusta particularmente hacer.

También existen algunas limitaciones sociales que suceden con las pequeñas charlas, que pueden dificultar saber qué decir, lo que ejerce una mayor presión sobre los introvertidos que luchan por estar fuera y cerca de otras personas. Hay que agregar a esto que muchos introvertidos son tímidos, y las pequeñas charlas pueden ser un dolor de cabeza. El hecho de que alguien sea introvertido y necesite un momento de tranquilidad a solas, sin estar rodeado de personas todo el tiempo, no significa que no les agrade la gente. Solo necesitan adoptar un enfoque diferente.

Esta guía le ayudará con ello. Con algo de práctica y algo de tiempo, incluso los introvertidos más tímidos mejorarán y verán el éxito.

Cualquiera puede aprender a usar la pequeña charla para su ventaja, ¡simplemente necesitan estar listos para tomarse un tiempo para aprender cómo hacerlo!

De acuerdo a la mayoría de las investigaciones que se han realizado sobre el tema, la mayoría de las personas son más felices y experimentan una mayor sensación de bienestar cuando están cerca de otras personas. Estar solo y aislado durante más tiempo, incluso si tiende a preferirlo, puede ser perjudicial para la salud. Las personas que participan en conversaciones que son más significativas, en lugar de solo conversaciones simples, también tienen una mayor sensación de bienestar. Pero, ¿cómo nos preparamos para esas conversaciones más profundas? Necesitamos comenzar con una pequeña charla.

Por lo general, no lleva a cabo una conversación profunda y significativa con alguien que acaba de conocer. En cambio, comienza con una pequeña charla básica, y luego, con el tiempo, desarrolla conversaciones más profundas, las cuales son beneficiosas para su salud.

Si usted es introvertido, o tímido, o emocionalmente sensible, una pequeña charla puede ser difícil, ya que este tipo de conversación parece inútil y vacía de significado. Sin embargo, es poco probable que pueda conocer a alguien nuevo, o incluso comenzar una conversación con un amigo, simplemente sumergiéndose en cualquier problema importante que se presente.

Siempre recuerde que, en su mayor parte, las pequeñas charlas son solo el comienzo de su conexión con otras personas. Puede ser complicado y habrá momentos en los que no deseará hacerlo. Tal vez parece lo mismo que tener que salir a comprar comida y limpiar la casa antes de que pueda tener compañía con la que disfrute pasar el tiempo. La preparación llevará trabajo, y no será muy divertido. Pero una vez que tiene compañía y se divierte, todo ese trabajo parece valer la pena.

Esto también es cierto con respecto a conocer gente y participar en pequeñas charlas. Es complicado de llevar a cabo y, a veces, no resulta como le gustaría. Pero después de haber hecho una nueva amistad o una nueva conexión con otra persona, encontrará que la pequeña charla valió la pena. Se sentirá satisfecho de haber asistido a un evento social y haber hecho un esfuerzo.

Cuando trabaje para desarrollar sus habilidades sociales con una pequeña charla, encontrará que es mucho más fácil llegar a las conversaciones y relaciones más profundas que desea.

Casi todas las personas se encuentran con algunos obstáculos al trabajar con pequeñas charlas, y solo unas pocas personas son naturalmente buenas en ello. Pero si buscamos poder formar conexiones, amistades y relaciones más profundas que son tan importantes para nuestro bienestar, debemos comenzar en algún lugar, y ese lugar es con una pequeña charla. Esta guía le proporcionará diversos consejos y trucos que puede usar para mejorar en la pequeña charla y para ayudarle a obtener los mejores resultados posibles en poco tiempo.

Capítulo 2: Comprendiendo a los Introvertidos y Cómo Interactúan con el Mundo

La introversión y la extroversión ocurren en un espectro. Lo que esto significa es que existen diferentes etapas o grados de introversión, y ninguna persona es completamente introvertida o extrovertida.

Existen algunas cualidades innatas que comparten muchos introvertidos, incluido el amor por la introspección, la necesidad de la soledad y un estilo de comunicación más lento y centrado.

Es común que muchos introvertidos se sientan sobre estimulados y agotados por las interacciones sociales, y pueden colocar un muro a su alrededor para ayudarles a sobrellevar la situación. Cuando esto sucede, puede llevar a otros a creer que un introvertido es distante y frío, pero la mayoría de los introvertidos no son así.

Nuestra sociedad tiene muchos mitos sobre los introvertidos. Hemos llegado a creer que ser introvertido es algo malo. El mundo valora a los extrovertidos y supone que todos deberían esforzarse por ser así. Y para aquellos que fallan, esto puede llevar a que sean menospreciados. Pero nuestro mundo debe estar compuesto por introvertidos y extrovertidos, y siempre podemos aprender del tipo de personalidad opuesta.

Aunque cada introvertido es diferente, existen algunos desafíos y algunos rasgos comunes que todos comparten.

A los introvertidos les agrada trabajar con introspección

Para un introvertido, la idea de introspección es algo natural. A los introvertidos les agrada explorar su imaginación y todos los coloridos paisajes que existen allí. A menudo, esta inclinación a soñar despierto es criticada, y en algún momento se les ha dicho que deberían detenerse y bajar sus cabezas de las nubes. El problema es que existen algunas razones por las que los introvertidos son así.

Un introvertido puede sentir que el mundo exterior es una fuerza de asalto— a cada paso, una vez que salen de su hogar, hay "vampiros energéticos" que amenazan con agotarlos. El introvertido puede girar hacia adentro tanto como pueda para sentir un nivel de comodidad y ayudarlos a conservar su energía. Este amor por la introspección también brinda dirección y significado a sus vidas.

La soledad es esencial

Muchos introvertidos disfrutan de la soledad, pero esto a menudo es más que una preferencia. De hecho, esta soledad es crucial para su felicidad y salud. Los introvertidos necesitan tener tiempo durante el día para estar solos y renovar sus energías.

A menudo pueden sentir presión para salir de casa, generalmente de amigos bien intencionados o de aquellos que simplemente no entienden cómo funciona un introvertido.

Si esta presión lleva a los introvertidos al punto de agotarse, pueden volverse irritables y estar de mal humor. Entonces se sentirán culpables por actuar de esta manera con sus amigos, y pueden comenzar a culparse a sí mismos por no poder estar "encendidos" todo el tiempo.

Si usted es introvertido, es importante que aprenda a decir "no", para que pueda buscar la soledad que no solo anhela, sino que también necesita para sobrevivir. Esto ayudará a que su vida se sienta más ligera. Aun así puede salir, pero también se tomará el tiempo para estar a solas y renovar su energía, sin sentir culpa, lo que hace que todas esas situaciones sociales sean mucho más llevaderas. Incluso las pequeñas charlas serán más fáciles de soportar si ha logrado tomar un descanso y busca la soledad con anticipación.

El introvertido silencioso

Los introvertidos son conocidos por ser silenciosos. Mientras que el resto del mundo parece alabar a los extrovertidos a quienes les gusta hablar— aparentemente solo para escucharse a sí mismos—los introvertidos son generalmente más tranquilos y pensarán con más cuidado antes de hablar.

El cerebro de un introvertido a menudo funciona con la idea de que menos es más en las conversaciones. Aunque esta es la forma natural en que muchos introvertidos son, pueden sentirse juzgados si se les pregunta: "¿Por qué estás tan callado?"

Los estudios han demostrado algunas grandes diferencias entre el cerebro de un extrovertido y el cerebro de un introvertido. Una de las diferencias clave entre estos dos tipos de personas es la forma en que la información viaja a través del cerebro del introvertido. La información toma un camino más largo y se procesa más profundamente, y esta podría ser una razón por la cual la mayoría de los introvertidos tardan más en verbalizar sus pensamientos.

Otras características de los introvertidos

1. En ocasiones son altamente sensibles por naturaleza.
2. Suelen ser mejores para escribir que para hablar.
3. Tienden a preferir conversaciones más profundas, en lugar de lidiar con pequeñas charlas.
4. Tienden a pensar demasiado.
5. Generalmente prefieren tener una organización en su vida y conservarla en su rutina establecida.
6. Poseen una vida interior abundante y tienen más posibilidades de descubrir la espiritualidad.
7. Usualmente prefieren no pasar el tiempo hablando por teléfono.

El dilema de la mayoría de los introvertidos

En nuestra cultura, la extroversión se considera la norma. De hecho, a menudo se considera como el tipo de personalidad superior. Pero los introvertidos realmente no necesitan ser transformados, reparados o curados, para que puedan convertirse en extrovertidos— y esto no es posible de cualquier manera.

Los extrovertidos no son superiores, y tampoco lo son los introvertidos. Ambos son tipos de personalidad completamente diferentes en los extremos opuestos de un espectro, y poseen comportamientos, deseos y necesidades diferentes entre sí. Esto significa que es importante lograr cierta comprensión entre los dos grupos, en lugar de presionar para que el introvertido cambie.

Recuerde que también existen tipos diferentes de introvertidos. Algunos prefieren pasar la mayor parte de su tiempo en casa y solo salen de vez en cuando. Otros pueden encontrar que les gusta salir un poco, pero a veces todavía necesitan un descanso, para poder reponer su energía.

Solo porque son diferentes de lo que se considera "normal", esto no significa que deberían tratar de ser diferentes o tratar de convertirse en extrovertidos.

Cómo un introvertido ve el mundo

Los introvertidos ven el mundo de una manera diferente que otros tipos de personalidad. Les agrada estar en casa, leyendo un libro con comodidad. A menudo prefieren pasar tiempo con solo unos pocos amigos cercanos y familiares, en lugar de conocer gente nueva y estar siempre fuera. Y a pesar de que no les importa trabajar con otras personas, generalmente prefieren trabajar por su cuenta.

Algunos otros aspectos que se deben de tener en cuenta cuando se trata de comprender a un introvertido y cómo interactúan con el mundo que lo rodea:

> 1. Es más probable que se conviertan en expertos en una cosa, en lugar de ser aptos para todos los oficios; los

introvertidos destacan al enfocarse en una sola habilidad o ejercicio hasta que lo dominen. Esto les permite destacar en pasatiempos como tocar un instrumento, pintar o realizar trucos de magia. No es común encontrarse con un introvertido que posea un conjunto de habilidades más genérico. Les agrada enfocarse en una sola cosa y dominarla, en lugar de intentar hacer cosas distintas.

2. Les agrada escribir para expresarse. Un introvertido es perfectamente capaz de hablar sobre un tema determinado, pero preferiría usar la escritura para expresar sus pensamientos. Pueden encontrarse con un papel y un bolígrafo, y generalmente prefieren contactar a otros con el uso de correo electrónico y mensajes de texto.

3. No les agrada hablar por teléfono; la idea de una llamada telefónica planificada puede llevarlos a un colapso. No soportan esta forma de comunicación y la evitan activamente tanto como sea posible. Intentan no contestar llamadas, a menos que sepan que es urgente, y pospondrán las llamadas hasta el último minuto.

4. Piensan con mucho cuidado antes de escribir o decir algo. No importa qué tipo de comunicación utilicen, serán cautelosos y pensarán detenidamente los puntos antes de establecerlos. Esto puede significar que las conversaciones no serán del todo fluidas en su ejecución.

5. Les agradan las conversaciones más profundas, pero no les agradan las pequeñas charlas. Las discusiones que tratan sobre asuntos superficiales pueden ser complicadas y exigentes emocionalmente para una persona introvertida. En cambio, a menudo elegirán entablar conversaciones que posean un significado y un propósito más profundos. Esta es una de las razones por las que algunos introvertidos no son los mejores al conocer gente nueva.

6. Les agrada observar el panorama general, en lugar de obtener conclusiones precipitadas. Un introvertido es alguien que intenta mirar a ambos lados de la historia, antes de tomar

cualquier decisión. No esperan ser demasiado precipitados prefieren asegurarse de que entienden lo que está sucediendo y posteriormente tomar la decisión correcta al respecto.

7. Se contendrán al estar en una multitud. Es más probable que los introvertidos encuentren un grupo reducido de aquellos a quienes ya conocen en una fiesta y permanezcan con él. Pero si no logran encontrar a alguien que conozcan, a menudo hablarán con nuevas personas, aunque pueden intentar retirarse un poco y no comunicarse entre la multitud.

8. Pueden tener éxito como intérpretes si lo desean, pero no son aficionados a ser el centro de atención. Algunos introvertidos son buenos para interpretar, ya sea con la actuación, haciendo un espectáculo o simplemente dando una presentación en el trabajo, pero incluso si lo hacen, no desean que el foco de atención resida en ellos.

9. A menudo realizan mejor su trabajo por su cuenta. Esto no significa que no les agraden otras personas, sino que prefieren hacer el trabajo rápidamente o de cierta manera. Incluso cuando trabajan a solas, en lugar de formar parte de un equipo, pueden hacerlo más rápido que otros.

10. Raramente se aburren; pueden distraerse fácilmente. Si un introvertido pasa tiempo a solas en casa, aún podrá encontrar muchas formas interesantes para mantenerse ocupado y divertirse. Pueden perderse en un libro durante horas, o encontrar una habitación para limpiar o un juego al que jugar. A veces les cuesta concentrarse, pero rara vez se aburren.

11. Son minuciosos y prestan mucha atención a los detalles. Esto hace que los introvertidos sean una ayuda valiosa en cualquier situación en la que es importante que incluso los pequeños detalles sean exactos.

12. Se sienten más atraídos por estar solos y podrían elegir una carrera profesional un tanto solitaria. Dado que a los introvertidos les resulta mejor trabajar solos, se sentirán

atraídos por un trabajo en el que al menos puedan pasar parte del tiempo trabajando de manera individual en proyectos.

13. Reaccionarán de manera diferente a sus entornos circundantes. Es posible que pasen más tiempo en sus mentes, y esto significa que cosas como eventos deportivos, fiestas y otros eventos sociales no les brindarán la misma satisfacción que otros experimentan.

14. Cuando su energía se haya agotado, se desconectarán. Cuando un introvertido agota sus reservas de energía, se detendrá y dejará de hacer las cosas. No intentarán superar ese agotamiento y, a menudo, no lograrán encontrar un segundo impulso. Los introvertidos no buscan compañía para renovar su energía, solo necesitan pasar un momento de tranquilidad a solas, sin toda la estimulación. Es mejor para ellos renovarse en casa, donde todo es tranquilo y no tienen las expectativas puestas en ellos.

El hecho de que alguien sea introvertido no significa que no pueda aprender a usar la pequeña charla y obtener sus beneficios al mismo tiempo. Un introvertido puede tener que esforzarse para mejorar en una pequeña charla, y puede que tenga que salir un poco de su zona de confort para que funcione. Pero si lograran salir de esa zona, emprenderán el camino para comunicarse de mejor manera y hacer más amigos en el proceso.

Capítulo 3: ¿Existe Alguna Ventaja de ser Tímido?

Existen muchas personas en nuestro mundo que se consideran tímidas, lo que significa que se sienten nerviosas y tímidas con otras personas. Se considera incorrecto que algunas personas son tímidas porque son introvertidas y prefieran quedarse a solas ocasionalmente para renovarse, en lugar de salir todo el tiempo. Pero otros pueden ser tan tímidos que comparten algunos de los mismos síntomas que aquellos que están lidiando con SAD o trastorno de ansiedad social, pero en menor grado. Sin embargo, la mayoría de las personas que son tímidas pueden aprender a adaptarse a su entorno y funcionar en un mundo dominado por los tipos de personalidad extrovertidos y sociables.

Muchas veces, en nuestra sociedad, una persona tímida será vista como anormal o menospreciada. La sociedad ha aprendido a valorar a los extrovertidos que son amigables y están listos para ser sociables todo el tiempo. Si bien no hay nada de malo en ser extrovertido, y nuestro mundo los necesita, tampoco hay nada de malo en ser tímido o ser introvertido.

Al mismo tiempo, alguien que es tímido puede encontrar que es fácil desanimarse por ello. Puede parecer que a todos los que les rodean les va mejor socialmente y ellos se van a quedar atrás.

En momentos como estos, a veces es recomendable considerar las grandes ventajas o beneficios que conlleva ser tímido:

1. La modestia puede ser atractiva.

Encontrará que la mayoría de las personas que son tímidas también son modestas. Son los últimos en anunciar sus propios logros, y es posible que ni siquiera consideren dejar que el mundo sepa lo que es sorprendente de ellos. Incluso pueden llevar esto tan lejos como alejarse de cualquier cumplido o minimizar cualquiera de sus propios atributos positivos.

Por supuesto, es posible que tener demasiado de esta modestia afecte su autoestima, pero una dosis saludable puede ser un rasgo atractivo para muchos. Al mismo tiempo, como alguien tímido, debe tener cuidado de no cruzar la línea de la modestia a la autocrítica. Algunos de los consejos que puede usar para hacer que la modestia funcione para usted, y no dejarla ir demasiado lejos, incluyen:

- Acepte cualquier cumplido que otros le brinden de manera amable.
- Reconozca cuando ha logrado algo importante. Trate de mantenerse alejado de la idea de minimizar sus éxitos y decir que se deben solo a la suerte.
- Aprenda a defenderse si alguna vez siente que alguien está tomando ventaja de usted.
- Ofrezca tantos elogios a los demás como sea posible. Esto puede ayudarle a entender lo que es valioso y aceptar elogios para sí mismo.
- Intente ser lo más realista posible, en lugar de pensar que todas las cosas son malas, o que todas las cosas son buenas.

2. Las personas tímidas pensarán antes de actuar sobre algo.

Si usted es socialmente ansioso, o al menos solo es tímido, entonces probablemente encontrará maneras de mirar antes de actuar. Este es un rasgo útil cuando es el momento de pensar críticamente sobre diferentes decisiones importantes de la vida. Pensar cuidadosamente y luego planear las cosas antes de actuar sobre ellas puede ser importante cuando se establecen objetivos a largo plazo; evitando riesgos innecesarios; o incluso cuando se trata de planear lo inesperado.

Para apoyar esta teoría, un estudio realizado en 2011 comparó el comportamiento de los simios y los niños humanos. Este estudio mostró que los niños mostrarían un mayor comportamiento lineal con la timidez en comparación con los simios, y los niños eran menos propensos a acercarse a algo nuevo. Esto podría usarse para sugerir que los humanos pueden haber desarrollado la capacidad de observar antes de actuar, por así decirlo, a través de esta inclinación hacia la timidez.

Por otro lado, esta tendencia a pensar detenidamente antes de tomar cualquier medida debe moderarse en cierta manera. Pensar en dónde trabajar o a qué escuela asistir es algo recomendable. Pero pensar demasiado sobre algo que no tiene sentido, como su almuerzo, puede causar problemas. Si el miedo a arriesgarse parece ser lo que le impide alcanzar algunos de sus objetivos, entonces esto significa que también debe aprender a arriesgarse y confiar en que las cosas saldrán bien.

3. Las personas tímidas pueden parecer más accesibles.

A otras personas les agrada estar cerca de aquellos que son tímidos porque no actúan de manera superior y esto a menudo puede hacer que sea más fácil hablar con ellos. Siempre y cuando no sea demasiado extremo, la timidez, junto con la modestia y la sencillez que la acompañan, se considera no amenazante para los demás y puede significar que por ello se sientan lo más cómodos posible a su alrededor.

Sin embargo, debe tener cuidado porque en ocasiones demasiada timidez puede malinterpretarse y hacer que una persona parezca distante o indiferente. Si esto es algo con lo que está lidiando, podría comenzar lentamente. Comience diciendo algo como: "Hola" y tratando de sonreír a las personas para que pueda demostrar que no es realmente inaccesible, simplemente es alguien que es tímido.

4. Las personas tímidas poseen un efecto calmante.

A veces, las personas tímidas proporcionan una influencia calmante a quienes las rodean, especialmente a aquellas personas que se encuentran más tensas. Si bien las personas tímidas pueden lidiar con la agitación interna, su apariencia externa a menudo es tranquila y pueden parecer emocionalmente equilibradas. Esta calma podría terminar teniendo un efecto positivo en aquellos que están a su alrededor.

Sin embargo, si siente que está lidiando con una confusión interna, es importante percatarse de que es apropiado que busque ayuda de otros. Si su timidez significa que necesita usar una máscara todo el tiempo, analice si puede comenzar hablando con una persona acerca de cómo se siente y observe la gran diferencia que marcaría para usted.

5. La timidez puede desarrollar empatía.

Tener una personalidad tímida significa que es más probable que sea un oyente empático, lo que hace que sea mucho más fácil para los demás abrirse y ser honestos con usted. Tener empatía por los demás lo convierte en un amigo compasivo, y también se adapta a ciertas carreras profesionales. Una de estas posiciones podría incluir un rol de servicios humanos, o cualquier trabajo en el que necesite ayudar a alguien y exista una interacción individual.

6. Las personas tímidas tienden a ser más confiables.

Siempre estamos buscando que quienes nos rodean sean confiables. Queremos encontrar a alguien que se presente a tiempo cuando diga que lo hará. Queremos encontrar a quienes nos ayudarán o harán algo si prometieron que lo harían. Y nos gustaría poder encontrar a alguien con quien podamos hablar, alguien que no fuera a contarle a otra persona y compartir nuestros secretos.

Dado que una persona tímida no estará fuera hablando con todos, no serán los primeros en contarles a los demás sobre sus propios logros.

Esto también significa que otros van a creer y confiar en ellos. En algunos casos, esto puede incluso convertir a una persona tímida en un mejor líder que un extrovertido.

7. La capacidad de superar cosas diferentes.

No es común que alguien haya sido realmente extrovertido cuando era niño y luego se vuelva tímido al ser adulto. Por lo general, la timidez es algo con lo que una persona ha tenido que lidiar toda su vida. Han tenido que aprender a adaptarse a su entorno mientras son tímidos y a manejar las dificultades que surgen cuando otros no entienden por qué se comportan de cierta manera.

Dado que estas personas han luchado con timidez durante tanto tiempo, realmente saben lo que es luchar, soportar y superar desafíos. Sin la lucha que han atravesado contra la timidez, no habrían logrado desarrollar la capacidad de hacer frente a las diferentes dificultades que se presentan en la vida.

8. Las personas tímidas tienen más amistades más profundas.

Muchas veces, una persona tímida exteriormente parecerá introvertida. Sin embargo, las personas tímidas a menudo quieren salir y socializar, pero tienen miedo de hacerlo. Es posible que no se sientan cómodos con las pequeñas charlas y prefieran establecer conexiones profundas y significativas con algunos amigos cercanos. Como resultado, las personas tímidas pasan tiempo invirtiendo en una amistad con alguien que comprende quiénes son y por qué están actuando de cierta manera, pero esto lleva un tiempo para desarrollarse.

Lo más probable es que cuando una persona tímida desarrolle una amistad con alguien, estas amistades serán profundas y duraderas.

9. Las personas tímidas pueden ser empleados dedicados.

Existen muchos trabajos que les pedirán a los empleados que se concentren y se enfoquen en un rol solitario, y este es un ambiente en el que las personas tímidas pueden destacar. El no tener muchos lazos sociales significa que tendrán menos interrupciones y menos necesidad de validar lo que están haciendo a los ojos de los demás.

10. Las personas tímidas disfrutan más plenamente sus logros que otras.

Se han realizado algunas investigaciones que muestran cómo los cerebros de las personas tímidas reaccionan más fuertemente a los estímulos positivos y negativos que otros. Lo que esto significa es que una persona tímida considera que las situaciones sociales son más amenazantes en comparación con algunos de sus amigos extrovertidos, pero que las situaciones positivas también son más gratificantes. El aumento de la sensibilidad a la recompensa significa que la persona tímida puede encontrar más valor a la hora de trabajar para alcanzar sus objetivos.

Tener un poco de timidez diaria que no le va a impedir participar en la vida y alcanzar sus objetivos puede tener muchas ventajas. Sin embargo, si la timidez se vuelve demasiado severa y comienza a causar problemas con la forma en que sobrelleva su día a día, tendría que trabajar para mejorar. Si ya está lidiando con ansiedad social o timidez severa, debe hablar con su médico y tal vez buscar la ayuda de un profesional de salud mental para arreglar las cosas.

Capítulo 4: ¿Cuál es la Diferencia Entre Ser Tímido y Ser Introvertido?

A pesar de lo que mucha gente pueda pensar, ser introvertido y ser tímido no es lo mismo. Pueden tener muchas características similares y, en la superficie, pueden tener el mismo aspecto, pero tienen algunas grandes diferencias. Un introvertido disfruta pasar su tiempo a solas, y a veces puede sentirse agotado emocionalmente si pasa mucho tiempo con otros. Pero una persona tímida no disfruta estando sola, solo tiene miedo de interactuar con quienes la rodean.

Consideremos dos niños que están en el mismo salón de clases. Uno de estos niños es tímido y el otro es introvertido. Cuando el maestro organiza una actividad para todos los niños en la clase, el niño introvertido puede preferir quedarse en su escritorio y leer un libro porque encuentra que pasar tiempo con los otros niños en la clase puede ser estresante. Sin embargo, al niño tímido realmente le gustaría unirse a los demás, pero se queda en su escritorio porque tiene miedo de ir y unirse a ellos.

La introversión es una parte intrínseca de la personalidad de un niño y no podrá cambiarla ni obligarla a actuar en contra de su naturaleza. Pero a los niños que son tímidos se les puede ayudar a superar esta timidez. Existen algunos introvertidos que también son tímidos, pero esto no aplica para todos los introvertidos que conozca. De hecho, algunos de estos introvertidos poseen excelentes habilidades sociales, simplemente eligen no interactuar todo el tiempo porque esto los lleva a sentirse agotados y necesitan pasar un tiempo a solas para que puedan renovar sus propias energías emocionales.

Si bien es posible utilizar diferentes técnicas e incluso alguna terapia para ayudar a una persona que es tímida a superar este obstáculo, tratar de convertir a un introvertido en alguien extrovertido o sociable, le causará mucho estrés y podría generarle baja autoestima. Los introvertidos pueden aprender algunas estrategias de afrontamiento diferentes que les facilitarán lidiar con una variedad de situaciones sociales, pero pase lo que pase, siempre serán introvertidos.

Aquellos que están lidiando con la timidez tienen dificultades cuando se trata de reunirse y hablar con alguien nuevo, y no les agrada encontrarse en una situación completamente nueva. Incluso pueden sentir tanto miedo por estar en estas situaciones que tienen síntomas físicos, como sonrojo, temblores, sudoración y palpitaciones del corazón. A veces puede ser lo suficientemente grave como para dañar al individuo y afectar su salud mental y física.

Por supuesto, todos pueden ser tímidos en diferentes tipos de entornos, y existen grados diferentes cuando se trata de timidez. La mayoría de las personas son tímidas sin que esto se convierta en un problema y podrán usar técnicas para superarlo.

La timidez y la introversión son dos rasgos de personalidad que a menudo se describen como lo mismo para aquellos que no tienen que lidiar con ambos, uno u otro. A los extrovertidos sociables les resulta difícil ver una gran diferencia entre estos dos tipos de personalidad, y simplemente suponen que todas las personas que son tímidas son introvertidas, y todos los introvertidos son tímidos. Pero este no es el caso. Es posible que estos dos tipos de personalidad existan dentro de una persona, pero no es una garantía.

Todos hemos estado en una de esas fiestas. Hay una persona que está aislada a un lado, o tal vez todavía está dentro del grupo, pero parece que no quiere estar allí y está esperando la mejor oportunidad para irse. En algunos casos, si usted es introvertido, es esa persona. Muchas personas no se toman el tiempo para aprender sobre estos dos tipos de personalidad y cómo difieren, y lo ignorarán, y esto puede ser realmente irritante para el individuo, que siente que nadie lo comprende.

Un estudio realizado por el Instituto Salk de Ciencias Biológicas sugiere que en realidad existe una forma diferente en que el cerebro introvertido registra el mundo a su alrededor en comparación con otros. Cuando los investigadores se tomaron el tiempo para estudiar la actividad en el cerebro de alguien introvertido, se descubrió que la misma cantidad de actividad eléctrica se producía cuando miraban un objeto inanimado y cuando miraban a otra persona.

Esto realmente podría sugerir otra razón por la cual muchos introvertidos simplemente no desean buscar interacción social. No solo se cansan de hacerlo y se sienten un poco agotados en el proceso, también pueden descubrir que esta interacción social no es estimulante para ellos, por lo que no quieren perder el tiempo en ella.

El introvertido saldrá de vez en cuando. No es que nunca hablen con otros o que eviten hablar a toda costa, y que también tengan amigos. Pero conocen sus límites y saben cuándo preferirían estar en casa haciendo otra cosa. Y dado que la introversión es más un rasgo biológico de la personalidad, la mayoría de los que están lidiando con ella van a estar completamente bien yéndose a casa al final del día para estar solos o pasar su tiempo de descanso leyendo un libro, en lugar de interactuar con otros.

Mientras que un introvertido elegiría quedarse en casa un viernes por la noche porque no considera la interacción como estimulante, o necesita renovar su energía después de una larga semana, una persona que está lidiando con una timidez severa puede pensar que su única opción es quedarse en casa, a pesar de que desearían estar fuera de casa.

También existen algunos casos extremos en los que aquellos que sufren de este tipo de timidez descubrirán que no pueden funcionar en muchas situaciones. Por ejemplo, pueden descubrir que no pueden pedir algo tan simple como las instrucciones a un desconocido. O bien, pueden descubrir que no pueden ir al frente de una línea de salida porque luego deberán interactuar con otra persona.

Los introvertidos son excelentes para encontrar grupos reducidos de amigos. Cuando tienen algunas personas con las que están cerca, pueden ser grandes oyentes, y brindar consejos reflexivos y ser empáticos. Pero una persona que es tímida puede encontrar que es más difícil formar las amistades que necesitan. Incluso pueden sentirse incómodos con las personas, incluida la familia y aquellos que han conocido toda su vida.

Los introvertidos que no son tímidos pueden sentirse cómodos si alguien se les acerca y comienza una nueva conversación de la nada, incluso si la conversación prolongada los deja cansados. Pero alguien que es tímido puede pensar que comenzar una nueva conversación, especialmente si necesita iniciarla, es aterrador.

La principal diferencia entre estos dos rasgos de personalidad es cómo se siente la persona acerca de la falta de interacción social y compañía. Un introvertido puede lidiar con ello. Aunque otros supondrán que no es así y tratarán de convencerlos de que interactúen, el introvertido generalmente está satisfecho con los resultados que tienen. Pero alguien que está lidiando con la timidez, tiende a desear poder salir y tener más amigos. Ellos son los que sienten que hay algo que los detiene y simplemente no son capaces de ponerse en las situaciones que lo harían posible.

Capítulo 5: La Ansiedad Social Le Está Reprimiendo y Cómo Dejarla Atrás

La ansiedad social es el miedo a sentirse juzgado negativamente por quienes lo rodean, lo que puede llevarlo a sentirse inferior, deprimido, humillado, avergonzado e inadecuado. Si se vuelve irracionalmente ansioso en situaciones sociales y piensa que estará mucho mejor solo, entonces puede estar lidiando con ansiedad social.

El trastorno de ansiedad social (SAD), que solía denominarse fobia social, es un problema mucho más complicado de lo que los investigadores pensaban inicialmente. Ahora se estima que millones de personas en todo el mundo están lidiando con ansiedad cada día, ya sea que experimenten una de las formas específicas de la afección o simplemente ansiedad social generalizada.

En los estudios epidemiológicos realizados en los Estados Unidos, se descubrió que el trastorno de ansiedad social es el tercer trastorno psicológico más grande del país, y solo un escalón después de trastornos como el alcoholismo y la depresión. De hecho, se estima que alrededor del siete por ciento de la población de los Estados Unidos sufre alguna forma de ansiedad social en este momento, pero la tasa de prevalencia de por vida para desarrollar este tipo de trastorno es entre el 13 y el 14 por ciento.

Por supuesto, estas son solo estimaciones y podría haber muchas más personas que sufren de ansiedad social que no se dan cuenta o no buscan ayuda para la afección. Estos números se basan solo en aquellos que han recibido ayuda porque ya sabían que estaban lidiando con la ansiedad social en sus vidas. En cualquier caso, los números son altos y muestran cuán frecuente puede ser este problema.

La ansiedad social puede manifestarse de diversas maneras, y un ejemplo que afecta a muchas personas, incluso a pequeña escala, es el miedo a hablar frente a grupos. Las personas con ansiedad social más generalizada se sienten incómodas, nerviosas y extremadamente ansiosas, sin importar el tipo de situación social que estén enfrentando en ese momento.

Cuando las afecciones como la ansiedad anticipada por estar en situaciones sociales, sentimientos de inferioridad, vergüenza, depresión, indecisión, preocupación y autoculpabilidad están presentes, sin importar en qué tipo de situación de vida se encuentre, entonces se trata de ansiedad social generalizada en el trabajo.

Los síntomas del trastorno de ansiedad social

Existen numerosos síntomas que pueden aparecer cuando se trata de padecer un trastorno de ansiedad social. Las personas que se enfrentan a este tipo de trastorno a menudo experimentan una gran cantidad de angustia emocional cuando se encuentran en una variedad de situaciones, que incluyen:

1. Cualquier tipo de relación interpersonal, ya sea de índole romántico o de amistad.
2. La participación en actividades grupales, sabiendo que deberán hablar frente a todos.
3. La mayoría de los eventos sociales, especialmente si entraña reunirse con desconocidos.

4. Conocer personas que están en posición de autoridad, o que son consideradas "importantes".
5. Ser observados si realizan una tarea.
6. Ser el centro de atención, sin importar la razón.
7. Sentirse criticados.
8. Ser presentado a alguien nuevo.

Por supuesto, estos no son todos los síntomas que podría enfrentar. Las manifestaciones fisiológicas que vienen con el Trastorno de Ansiedad Social también pueden incluir contracciones musculares del cuello y la cara, temblores, dificultad para tragar, sequedad de garganta y boca, sudoración excesiva, enrojecimiento o sonrojo, latidos acelerados y un miedo intenso a lo que va a suceder después

Aquellos que están lidiando con el Trastorno de Ansiedad Social saben que la ansiedad que sienten es extrema y que realmente no tiene ningún sentido. A pesar de que estas personas enfrentan sus miedos cada día cuando salen de casa, sus sentimientos de ansiedad persisten y no muestran signos de alivio.

Tratamiento de la ansiedad social

No siempre es fácil buscar la ayuda necesaria para tratar cualquier problema de salud mental, ya sea un trastorno de ansiedad social u otra afección. Si usted es renuente a hablar con extraños u otras personas en su vida, ¿cómo se supone que deba solicitar ayuda? Si ha dejado que esta ansiedad continúe durante demasiado tiempo y ahora está en el punto en el que está evitando cualquier contacto social, o si ha comenzado a controlar su vida, entonces puede ser hora de hablar con un profesional de salud mental.

No es recomendable permitir que esta ansiedad social continúe sin control. Si le atemoriza tratar con otras personas o entrar en cualquier tipo de situación social como comer en restaurantes, hablar en público, salir o asistir a fiestas, esto podría significar un problema. Cuando comienza a interrumpir sus actividades debido a la ansiedad social, puede desarrollar una baja autoestima o sentirse deprimido.

Lo primero que debe hacer es reservar una cita con su médico. Existen algunas formas en que el médico puede determinar si tiene ansiedad social, que incluyen:

>1. Un examen físico. Esto ayuda a evaluar si padece alguna afección médica o si toma algún medicamento que pueda desencadenar los síntomas de la ansiedad.
>2. Al describir sus síntomas, con qué frecuencia ocurren y en qué situaciones.
>3. Al revisar una lista de situaciones diferentes para analizar si le producen ansiedad.
>4. Auto evaluarse en cuestionarios sobre los síntomas de ansiedad social y analizar si coinciden.
>5. Cumplir o no con los criterios que figuran en el Manual Estadístico de Diagnóstico de los Trastornos Mentales. El cual es publicado por la Asociación Americana de Psiquiatría.

Existen algunos tipos diferentes de tratamientos que su médico puede elegir recetarle. Dado que enfrentar su miedo no hará mucho por sí solo, y a menudo empeora la situación, es probable que el médico le ofrezca algunas otras opciones. El tratamiento dependerá de cuánto esta ansiedad esté afectando su capacidad de funcionar en su vida diaria. Algunas opciones que generalmente puede investigar incluyen terapia de conversación o psicoterapia, medicamentos o ambos.

Primero, analicemos la psicoterapia. En la terapia, aprenderá a reconocer y posteriormente a modificar los pensamientos negativos que tiene sobre usted. Luego puede comenzar a desarrollar habilidades que harán que sea más fácil ganar confianza en todas las situaciones sociales.

Existen algunas opciones disponibles para lograrlo, pero la terapia cognitiva conductual (TCC) se considera la más efectiva cuando se trata de ansiedad. Este tipo de terapia puede ser exitosa si se realiza en grupo o individualmente.

Al tratarse de una terapia cognitiva conductual basada en la exposición, el paciente se expone gradualmente a las situaciones que más teme. Esto puede facilitar que las personas mejoren sus habilidades de afrontamiento y puede ayudarles a lidiar con cualquier situación que provoque ansiedad. Otra forma de lograrlo es participar en entrenamiento de habilidades o juegos de rol para practicar habilidades sociales y ganar algo de confianza y comodidad. Practicar este tipo de exposición a situaciones sociales puede ser una buena manera de ayudar a desafiar cualquier preocupación.

También existen algunos tipos diferentes de medicamentos que pueden ayudar a lidiar con este tipo de ansiedad. Una opción común son los inhibidores selectivos de la recaptación de serotonina (ISRS). Se considera que estos tienen una buena influencia en aspectos como el estado de ánimo al aumentar los niveles de serotonina en el cerebro. De lo contrario, su médico puede sugerirle que necesite tomar algunos medicamentos como Zoloft o Paxil, según la gravedad de la ansiedad.

Por supuesto, la necesidad de medicamentos debe considerarse frente a los posibles efectos secundarios. Dado que muchos de estos medicamentos pueden causar diversos efectos secundarios, el médico podría comenzar con una dosis baja al inicio para observar su reacción. Posteriormente deberá realizar un seguimiento para ayudar a ajustar el medicamento a las dosis que necesita. Podría llevarle unos pocos meses de tratamiento con un medicamento en particular antes de notar una mejora en sus síntomas.

Algunos de los otros medicamentos que su médico podría recetarle para ayudar con la ansiedad social y sus síntomas, incluyen:

> 1. Antidepresivos. Puede que tenga que probar con algunas opciones diferentes para analizar si funcionan para usted. Existen diferentes tipos de antidepresivos, y todos producen una variedad de efectos secundarios. Es muy probable que el terapeuta o su médico decidan probar alguno para evaluar

cuál funciona mejor para usted, con la menor cantidad de efectos secundarios.

2. Medicamentos contra la ansiedad. Algunos medicamentos conocidos como benzodiacepinas ayudan a reducir la ansiedad de algunas personas. Pueden funcionar rápidamente y puede notar cambios en los síntomas. Sin embargo, son potentes y tienden a formar dependencia y ser sedantes, por lo que, si son recetados, será a corto plazo.

3. Betabloqueantes. Estos medicamentos intentarán bloquear algunos de los efectos estimulantes que vienen con la adrenalina. Estos pueden ayudar a reducir síntomas como temblor de voz y extremidades, palpitaciones, presión arterial y frecuencia cardiaca elevada. Pueden usarse de manera esporádica para ayudarle a controlar sus síntomas físicos en algunas situaciones que pueden provocarle ansiedad.

Es importante recordar que cualquier tratamiento para el trastorno de ansiedad social no siempre va a funcionar rápidamente. Puede continuar probando con la terapia y tomar medicamentos durante muchos meses para ayudarle. Los síntomas pueden desvanecerse con el tiempo y, a menudo, después de acumular cierta confianza en la forma en que se desarrollan las cosas, podrá suspender el medicamento. Para ayudarle a aprovechar al máximo su tratamiento, intente asistir a todas sus citas para terapia, desafíese seleccionando objetivos y persiguiéndolos, y tome sus medicamentos según las indicaciones de su médico.

Capítulo 6: Habilidades para Escuchar que Pueden Facilitar las Pequeñas Charlas

Las pequeñas charlas pueden ser complicadas para muchas personas a quienes no les agrada tratar de pensar en temas intrascendentes para mantener la conversación. Pueden sentirse incómodos al hacer que la otra persona comience a hablar, y quieren asegurarse de no decir nada que pueda ofender a la otra persona o causar una gran pausa en la conversación.

Una de las claves en las que puede trabajar para asegurarse de que puede hablar correctamente para que la conversación funcione es escuchar. Cuanto más pueda escuchar y reunir de la otra persona, más fácil será mantener fluida la conversación.

Estas son algunas de las habilidades clave que debe usar para practicar la escucha activa, de modo que la conversación breve sea más efectiva para usted:

No hable demasiado

Es común ponerse nervioso al hablar con otros. Para evitar cualquier silencio cuando la conversación se detiene, podemos compensar en exceso y comenzar a hablar sin rumbo, sin apenas dejar que la otra persona hable.

Si no realiza una pausa para permitir un intercambio natural, entonces corre el riesgo de convertir la conversación en un monólogo. La buena noticia sobre la escucha activa es que no tiene que hablar demasiado, ya que alienta a la otra persona a hablar la mayor parte del tiempo.

Esto no significa que deba permanecer ahí y no decir nada en absoluto. Pero si usa la escucha activa para plantear las preguntas correctas, es posible que pueda mantener la conversación durante un periodo prolongado, sin realmente tener que hablar mucho.

Por ejemplo, puede hacer más preguntas sobre el tema en cuestión; puede pedir aclaraciones; y luego puede hacer algunas preguntas más para reanudar la conversación cuando sea necesario. Hablar es importante, pero intente que la otra persona hable mientras escucha, tanto como sea posible.

Intente tranquilizar al orador

Cuando comience una pequeña charla con una persona nueva, ya sea que la haya conocido antes o sea la primera vez que ha hablado con ella, intente de tranquilizarla lo más rápido posible. Es natural que tanto usted como ellos estén un poco nerviosos por la situación, pero si puede tranquilizar a la otra persona, entonces también se sentirá más tranquilo.

Su trabajo aquí es tratar de ayudar a la otra persona a sentirse abierta y libre de hablar sobre lo que quiera. Recuerde sus preocupaciones y necesidades, y escuche lo que tienen que decir. Asegúrese de usar guiños u otros gestos y palabras para alentar a la otra persona a continuar con lo que está diciendo y demostrar que está realmente interesado.

El contacto visual es muy importante. No mire al suelo, no se mire las manos ni mire otras cosas que suceden a su alrededor. Esto enviará un mensaje equivocado y hará que la otra persona sienta que está aburrido, o que hay cosas más importantes en las que debe enfocar su atención.

El contacto visual firme, sin mirar fijamente y parecer agresivo, es muy importante. Debe mirar a la otra persona a los ojos, mientras sonríe y parecer atento, para demostrar que lo que tienen que decir es importante y que está escuchando, entendiendo y apreciando la conversación.

Encontrar formas de eliminar distracciones

Siempre existirán diversas distracciones que se mostrarán en el mundo que le rodea. Ya sea por su teléfono cuando suena, otros caminando, e incluso su correo electrónico. Pero si permite distraerse por todas estas cosas, entonces su atención se desviará de la conversación en cuestión. ¿Cómo se supone que sea eficaz entablar pequeñas charlas o cualquier tipo de comunicación, si está tan distraído que ni siquiera puede escuchar lo que dice la otra persona?

Al trabajar en sus habilidades de escucha, asegúrese de que todas las distracciones se eliminen. Apague la computadora, el teléfono y la televisión para asegurarse de que no haya posibilidad de que intervengan en la conversación. No mire por la ventana, ni se toque los dedos, ni mezcle papeles ni haga garabatos. Este tipo de comportamiento distraído envía un mensaje a la otra persona de que está aburrido o desinteresado por ellos y por lo que tienen que decir. Si los roles se invirtieran, ¿cómo le haría sentir eso?

Si puede, también es importante evitar interrupciones. Si bien es posible que no pueda evitarlas todo el tiempo— por ejemplo— si está en una fiesta y alguien se acerca e interrumpe, no hay mucho que pueda hacer, puede intentar evitarlas tanto como sea posible.

Debe asegurarse de que puede colocar toda su atención en el orador, y hacer que se sienta cómodo y como la persona más importante. No puede hacerlo si está constantemente revisando su correo electrónico en su teléfono, mirando por la ventana o mirando alrededor de la habitación.

Empatizar

La empatía es una de sus herramientas más fuertes para comunicarse y formar conexiones significativas con los demás. Es fácil parecer irreflexivo o insensible si su capacidad para experimentar y expresar empatía no está del todo desarrollada. Cuando hable con alguien, intente comprender cómo se siente desde su punto de vista. Incluso si lo que están experimentando y hablando no es algo por lo que usted haya pasado personalmente, e incluso si no es algo que entienda del todo, es importante encontrar algo en común y luego usarlo para ayudar a empatizar con la otra persona.

Por ejemplo, si encuentra que no responde mucho si otra persona obviamente se siente muy feliz o triste, o si le da respuestas severas y hostiles a un amigo cuyo perro ha muerto, porque deberían haberse "esperado" que ocurriera, ya que los perros no viven tanto como los humanos, es posible que deba trabajar para desarrollar su empatía emocional.

También es importante desarrollar empatía cognitiva, lo que implica tratar de comprender cómo se siente alguien desde una perspectiva más lógica. Por ejemplo, si le molesta alguien que no tiene la misma educación que usted, simplemente porque no sabe algo que considera que debería ser "obvio", debe trabajar para mejorar su empatía cognitiva y comprender que no todos han tenido las mismas oportunidades que usted para avanzar en sus estudios.

Si es posible, deje de lado cualquier noción preconcebida que tenga sobre una persona. Cuando comienza la conversación con una mente abierta, es más fácil tener empatía con el hablante y responder de manera apropiada. Leer ampliamente y sobre una amplia gama de temas es otra excelente manera de exponerse a muchos puntos de vista y experiencias de vida diferentes. No todos tienen la misma reacción a los eventos que usted, es importante reconocerlo y tratar de aprender sobre el punto de vista de otra persona, lo que puede ayudar a desarrollar su empatía.

Por supuesto, puede haber ocasiones en que la otra persona hablará sobre un tema, o decir algo, con lo que realmente no está de acuerdo. Esto no le da el derecho de irrumpir y comenzar a hablar sobre ellos o menospreciarlos por su perspectiva. En cambio, si no está de acuerdo con esa persona, puede esperar y construir una discusión más tarde que responderá respetuosamente a lo que dijo.

Incluso si decide contrarrestar lo que dijo la otra persona porque no está de acuerdo con ellos, esto no significa que deba cerrar su mente e ignorar sus sentimientos. Cuando se trata de cualquier tipo de comunicación, ya sea en forma de charla o no, es muy importante mantener una mente abierta a las opiniones, emociones y puntos de vista de los demás. Incluso si no termina de estar de acuerdo con ellos por completo, es posible que pueda aprender algunas cosas nuevas en el camino.

No interrumpa con sus propias soluciones

Se nos enseña desde niños a no interrumpir a otras personas cuando están hablando. Pero gran parte de lo que vemos en la televisión y en la cultura común muestra que es correcto interrumpir a alguien y aportar sus propias soluciones.

Interrumpir es una de las peores cosas que puede hacer cuando trata de tener una conversación, ya sea que esté hablando con alguien que acaba de conocer o alguien que conoce desde hace mucho tiempo. Cuando interrumpe, está enviando el mensaje que:

    1. Esto no es una conversación. Lo considero una competencia y planeo ganar.
    2. No tengo tiempo para esperar su opinión.
    3. Realmente no me interesa lo que piense, pero considero que debe escucharme.
    4. Lo que tengo que decir es mucho más relevante, preciso o interesante en comparación con lo que tiene que decir.
    5. Soy más importante que usted.

Cada persona piensa y habla a ritmos diferentes. Si usted es un pensador rápido y un hablante ágil, entonces será una carga relajar su ritmo si se encuentra con un comunicador que es reflexivo y un poco más lento para expresarse.

Hacer un esfuerzo por no interrumpir a la otra persona ayuda a mantener la conversación a un ritmo uniforme y a garantizar que realmente escucha lo que la otra persona está diciendo, en lugar de hablar sobre ellos.

Cada vez que escuche a alguien hablar sobre uno de sus problemas u otro problema que les afecte, debe trabajar duro para no solo sugerir soluciones. La mayoría de las personas no buscan consejos porque solo quieren poder hablar y desahogarse. Si buscaran algunas soluciones, lo pedirán específicamente. Necesita escuchar y ayudar a la otra persona a encontrar sus propias respuestas. En algún momento, si tiene una gran solución, al menos pregúntele a la otra persona si le gustaría escuchar la idea primero.

Esperar hasta que el orador haga una pausa antes de solicitar cualquier aclaración

Cuando realmente no entiende lo que alguien está diciendo, es correcto hacerle preguntas para asegurarse de que entiende lo que está sucediendo. Es mucho mejor pedirles que retrocedan o hacer algunas preguntas para asegurarse de comprender completamente lo que está sucediendo, en lugar de simplemente continuar la conversación y estar confundido todo el tiempo.

Pero asegúrese de no interrumpir a la otra persona cuando solicite una aclaración. Espere hasta que haya una pausa natural del orador. Luego, puede preguntar algo como: "Retroceda un segundo. No entendí lo que acaba de decir sobre...". Esto le brinda la oportunidad de obtener una aclaración, pero también le muestra a la otra persona que lo está escuchando y que realmente quiere escuchar lo que tienen que decir.

Hacer preguntas, pero atenerse al tema

Durante una conversación, pueden surgir muchos puntos que pueden conducir a una tangente conversacional que desvía las cosas. Por ejemplo, en el almuerzo, un colega comienza a contarle sobre su reciente viaje al extranjero. En el curso de esta charla, mencionan visitar a un amigo en común. Esto puede llevarlo a hacer preguntas sobre ese amigo mutuo, y pronto el tema se apartó de la discusión original sobre todos los lugares increíbles que su colega visitó en vacaciones.

No existe nada de malo en hacer preguntas para explorar diferentes elementos de un tema— de hecho, esto a menudo puede ayudar a que una conversación evolucione y fluya correctamente— pero trate de mantener las cosas relevantes y sobre el mismo tema que la otra persona quiere, al menos para empezar. Si nota que la pregunta que ha hecho está desviando al orador, entonces debe asumir la responsabilidad de volver a encarrilarlo. Esto puede hacer que la persona con la que está hablando sienta que todavía tiene control sobre la conversación, y le ayuda a practicar seguir la corriente.

Prestar atención a las señales no verbales

Existe mucho que la otra persona puede decir con sus palabras, pero existe más que la otra persona puede decir que no es verbal. Es posible obtener mucha información de otra persona sin que ni siquiera digan una palabra. Esto puede suceder incluso por teléfono, con la ayuda de escuchar las inflexiones en su voz.

Existen muchas señales no verbales diferentes a las que puede prestar atención cuando se trata de tener una conversación cara a cara con otra persona. Puede notar si la otra persona está irritada, aburrida o entusiasmada simplemente observando su lenguaje corporal, el sonido de su voz y la expresión de su rostro. Estas son todas pistas que no debe ignorar.

Cuando escucha a alguien más y trata de entender todo lo que quieren decirle, debe tener cuidado con lo que se dice debajo de la superficie de sus palabras. Lo que la otra persona dice en voz alta solo transmitirá una fracción del mensaje. Las señales no verbales son igual de importantes.

Hacer comentarios frecuentes al orador

Cuando intente conectarse con otra persona durante una conversación, es importante brindar retroalimentación periódica. Si solo permanece pasivamente como una pizarra en blanco, sin responderle de ninguna manera, hará que la otra persona sienta que no lo está contactando y comenzará a retirarse.

Puede ayudar a reflejar su postura y lenguaje corporal, por ejemplo. También puede mostrarle al orador que comprende lo que quiere decir diciendo cosas como: "Puedo notar que está confundido", "qué terrible experiencia para usted", o "debe estar emocionado" en respuesta a su historia. Si está hablando con esa persona y encuentra que sus pensamientos y sentimientos no están claros, entonces simplemente puede leer y parafrasear el mensaje, tal como lo entiende, de vez en cuando.

A partir de ahí, puede simplemente asentir y demostrar que lo comprende con la ayuda de expresiones faciales apropiadas. La idea es brindar al orador pruebas en algún nivel de que está escuchando y que todavía lo entiende en su línea de pensamiento.

Debe ser un oyente activo al realizar una pequeña charla. Muchas veces nos involucramos en nuestros propios procesos de pensamiento y expectativas sobre cómo debería desarrollarse una conversación, en lugar de dejar que fluya y evolucione naturalmente. Si se encuentran dos personas que están haciendo lo mismo, entonces la conversación se detendrá.

Pero cuando se convierte en un oyente activo, descubrirá que puede aprender mucho. Puede captar fácilmente los temas que la otra persona está planteando, puede comprender y responder a las señales que envía, y hacer preguntas interesantes para impulsar la conversación. Puede alimentarse de ello y mantener la conversación durante mucho más tiempo, sin sentirse agotado, preocupado o forzado para encontrar más temas de los que hablar.

Capítulo 7: Consejos para Iniciar una Conversación y Mantenerla

No saber cómo mantener una conversación realmente puede perjudicar su vida social. Los silencios incómodos pueden ser desagradables para todos, pero la buena noticia es que existen diferentes cosas que puede hacer para evitarlos.

Para muchas personas, una de las cosas más desalentadoras acerca de reunirse con desconocidos o tratar de hacer nuevos amigos es el riesgo de no saber qué decir. Pero si sabe cómo comenzar y mantener una conversación, puede hacer que la socialización sea mucho más agradable y ayudarlo a crear algunas amistades duraderas.

¿Por qué no tengo cosas que decir?

Un hábito que se interpone en el camino de una conversación dinámica y fluida es la depuración. Este es el proceso de evitar decir algo en voz alta, hasta que haya tenido la oportunidad de filtrarlo primero. Esto le permite asegurarse de que la oración que está por decir es interesante, inteligente, impresionante o asombrosa, y que no le avergonzará.

Si bien este enfoque puede tener sentido en su mente, efectivamente está anulando su capacidad de conversación.

Otro problema que puede surgir es no aprender cómo prepararse para comenzar una nueva conversación. Por ejemplo, si acaba de pasar un día entero estudiando o analizando temas intensos, es posible que le resulte bastante difícil dejar de pensar en estos temas, antes de estar listo para hablar e interactuar con personas a nivel social.

¿Cómo superar este problema? Puede superarlo de una manera simple aprendiendo algunas habilidades nuevas para obtener la mentalidad correcta para asociarse con otros socialmente. A continuación, enlistamos algunos consejos y puntos importantes a tener en cuenta, para que nunca se quede sin cosas que decir nuevamente. Una vez que pueda lograrlo, descubrirá que es mucho más fácil hablar con otras personas y hacer nuevos amigos.

¿Cómo puedo mantener la conversación?

Existen algunas habilidades diferentes que puede desarrollar para ayudar a mantener una conversación fluida.

1. Sin filtrado

Lo primero es dejar de filtrar todo el tiempo. Solo está obstaculizando su propia confianza si continúa evitando decir lo que tiene en mente, con pensamientos como: "¿Sería estúpido si digo esto?"

La mejor manera de practicar hablar más libremente es comenzar con personas que conoce al menos un poco. A veces es divertido descubrir que puede decir lo que se le ocurra durante una conversación, y siempre que no sea muy inapropiado, nadie le va a juzgar por compartir sus pensamientos. La gente no está realmente interesada en saber si lo que ha dicho es lo suficientemente "genial". Están demasiado concentrados en tratar de mantener la conversación y en cómo se presentan, así que solo hablar y ser usted mismo al mencionar cualquier tema que se le ocurra puede marcar una gran diferencia.

2. "¡Interesante, cuénteme más!"

Este es un enfoque que puede funcionar un noventa y nueve por ciento de las veces, y es una técnica segura con la que a los principiantes realmente les agrada probar. A la gente le encanta saber que está realmente interesado en lo que le están diciendo. Si puede mostrarles un poco de interés genuino, es más probable que la persona con la que está hablando vaya a quedarse más tiempo. Esta es una excelente manera de mantener una conversación sin mucho esfuerzo de su parte.

Existen algunas variaciones de esta frase que también animarán al hablante a seguir hablando, como hacer preguntas de seguimiento en respuesta a lo que se ha dicho.

Cuando la otra persona note que usted está escuchando e interesado activamente, ayudará a tranquilizarla y estarán más comprometidos y dispuestos a compartir información con usted.

3. Las historias pueden venir de todas partes

Una buena historia puede involucrar a todos y mantener una conversación con facilidad. No tiene que recurrir exclusivamente a las experiencias de su propia vida cuando comienza una conversación. Es perfectamente correcto usar historias que no le sucedieron personalmente, para ayudar a mantener la conversación. Por ejemplo, puede hablar sobre algo que su amigo le contó, una anécdota que escuchó en la televisión, o incluso lo que leyó en las noticias.

Esta técnica es una excelente manera de hacer que cualquier conversación que tenga sea más interesante, con una facilidad más natural, evitando todos los silencios que pueden aparecer y hacer las cosas más incómodas.

Consejos adicionales para mejorar sus conversaciones

Algunas ideas que ayudarán a que la conversación se desarrolle sin problemas cuando se trata de una pequeña charla, incluyen:

- Estar interesado en lo que la otra persona tiene que decir. Es necesario encontrar maneras de estar realmente interesado en las conversaciones que tiene con otras personas. Si no parece estar interesado, si es o no irrelevante, la otra persona se aburrirá o se frustrará y se alejará de la conversación en poco tiempo.
- Hacer muchas preguntas. Cuando la otra persona mencione un nuevo tema, comience a hacer preguntas al respecto. Esto muestra que desea obtener más información y hará lo posible para mantener la conversación. También puede funcionar si no conoce el tema que la otra persona menciona, porque puede participar y aprender en el trayecto.
- Sea bueno escuchando. Si permite que su mente divague demasiado y no escucha realmente y tampoco presta atención a lo que dice la otra persona, es complicado entender lo que tratan de decir. Debe asegurarse de que puede asimilar toda la información que le proporcionan, en lugar de dar vueltas en un ciclo interminable de preguntas porque realmente no estaba prestando la atención necesaria.
- Hacer contacto visual. Mantener un contacto visual respetuoso es otra forma de hacer que la otra persona en la conversación reconozca que le está escuchando. Si mueve los ojos constantemente, parecerá distraído y como si no tuviera interés en lo que dice.
- Considere tener una lista de temas a la mano. En ocasiones es complicado pensar en temas de conversación cuando se reúne con alguien nuevo, y puede sentir cierta ansiedad al respecto. Si la conversación está fluyendo, es posible que no necesite la lista, pero tenerla en mente en caso de que la conversación comience a retrasarse, puede aliviar un poco la presión.
- Encontrar algo en común. Cuando encuentre algo que usted y la otra persona tienen en común, puede intentar convertirlo en una conversación más extensa. Puede prestar

atención para encontrar un punto común durante la conversación, o puede ser presentado por alguien que conoce los intereses mutuos que comparten.

• Usar la conversación "unida". Puede obtener múltiples puntos de interés en una afirmación hecha por otra persona. Posteriormente puede hacer diversas preguntas para ramificar la conversación, por ejemplo, si alguien menciona: "La semana pasada, viajé a Alaska por trabajo", podría preguntar si le gusta viajar en general y mencionar algunas de sus historias de viajes. También podría preguntar en dónde está trabajando, o qué opina sobre Alaska. Esto puede abrir muchas puertas, ya que naturalmente puede dirigir la forma en que le gustaría que iniciara la conversación.

• Practicar y salir. Cuanto más pueda practicar las pequeñas charlas, más sencillo será. Puede practicar conversar con cualquier persona a su alrededor, ya sea alguien en el supermercado, un familiar o un amigo. Incluso puede probar en línea en un chat de video. Con el tiempo, esto ayudará que las pequeñas charlas se vuelvan mucho más naturales y ayudarán a edificar su confianza.

• Reconocer cuándo es hora de poner fin a la conversación. Esto es una pauta importante a tener en cuenta para cualquier conversación. Si las cosas resultan bien, es complicado determinar cuándo finalizar. No debe interrumpir a la otra persona, pero debe asegurarse de marcharse antes de que se agote la conexión. Es más sencillo terminar antes, y prevalecer con ganas de más, que hablar con ellos durante mucho tiempo y que nadie se aburra. Cuando esté listo para concluir la discusión, asegúrese de informar a la otra persona de que le gustaría hablar con ella más tarde y posteriormente compartir información de contacto para hacerlo posible.

Ahora que conoce algunos de los trucos que puede usar para garantizar que sus conversaciones no se detengan, lo siguiente que debe hacer es practicar el uso de estas técnicas. La mejor manera de practicar es salir y usarlos la próxima vez que hable con alguien nuevo.

Por supuesto, si ha estado luchando con el tema de la pequeña charla durante algún tiempo, es una buena idea comenzar implementando solo una de estas ideas a la vez, y encontrar una manera de agregarle su propio toque para que no se sienta abrumado. A partir de ahí, podrá implementar lentamente estos consejos y participar en algunas de las mejores conversaciones de su vida.

Capítulo 8: ¿Puedo Hacer Amigos Si Soy Introvertido?

Al ser introvertido, es posible que le sea difícil hacer amigos. No es que no quiera hacer amigos o que no le agraden las personas. Pero en un mundo donde los extrovertidos— que disfrutan de ser sociables y que esperan que usted sea igual—están en todas partes, mientras que usted prefiere estar en casa relajándose para renovar su energía, puede ser realmente difícil.

Esto no significa que todo esté perdido si es introvertido. Los introvertidos pueden ser algunos de los mejores tipos de amigos que uno pueda tener, y podrá encontrar a aquellos que quieran pasar tiempo con usted y no le pedirán que cambie su personalidad para estar con ellos. Pero es posible que tenga que tomar algunos pasos adicionales para que esto suceda. Existen algunas cosas que puede hacer como introvertido para comenzar a hacer más amigos y disfrutar su vida social un poco más que antes.

Los desafíos al hacer amigos siendo introvertido

Existen diversos desafíos que pueden afectar su capacidad de hacer amigos al ser introvertido. Diversas situaciones sociales que incluyen pequeñas charlas pueden ser complicadas, y cuando está perfectamente feliz de pasar mucho tiempo en casa viendo un buen espectáculo o leyendo un buen libro, puede ser difícil alejarse para ser social y hacer actividades que le agoten físicamente.

Algunos de los diferentes desafíos que pueden surgir cuando intenta hacer amigos siendo introvertido incluyen:

1. Conservar demasiados amigos y diferentes tipos de amistades puede ser abrumador. Como introvertido, es posible que le preocupe que otros no estén dispuestos a soportar su tendencia a salir del radar de vez en cuando y tomar un descanso.

2. Entrar en un grupo y lidiar con una conversación grupal es intimidante. Nunca está seguro de cuándo intervenir, o cómo expresarse sin sentir que existe un gran foco de atención puesto en usted.

3. En algunos casos, puede sentir un poco de frustración cuando hay una conversación que va demasiado rápido y no puede pensar completamente sobre el tema y dar su opinión.

4. Las pequeñas charlas a menudo son tediosas, o incluso dolorosas, para un introvertido tímido. A veces les resultará difícil cerrar suavemente la brecha entre las conversaciones más profundas y las charlas.

5. Muchos de los entornos sociales que se necesitan para hacer amigos pueden ser abrumadores para un introvertido, y cuando se aventuran, puede dejarlos desmotivados para salir y volver a intentarlo.

Además, existen algunos desafíos genéricos que todos los adultos enfrentarán cuando sea hora de hacer amigos, incluso para aquellos que se consideran extrovertidos. Los adultos tienden a estar menos abiertos a formar nuevas amistades a medida que envejecen. Tienden a establecerse en sus propios grupos de amigos que han formado a lo largo de los años, y a veces es difícil incluirse en uno de estos si aún no tiene su propio grupo.

Si alguna vez ha pasado por la experiencia de mudarse de iglesias, ciudades o trabajos, sabe que es difícil entrar en algunos de los círculos de amigos que ya están establecidos. Como introvertido, puede descubrir que en lugar de dividirse en todo el grupo y ganar muchos amigos, puede ser preferible tener solo algunos de los mejores amigos en los que pueda confiar, aquellos con los que se sienta como en casa y estén allí para ayudarlo.

A veces solo se necesita uno

A menudo existe una idea errónea de que tiene que hacer malabarismos con un grupo de amigos y un calendario de actividades sociales sin parar, para sentir que está viviendo una buena vida. En lugar de tratar de salir demasiado de su zona de confort, a menudo es mejor si puede encontrar solo algunas personas para formar un círculo de amigos muy unido.

Los introvertidos no están programados para estar siempre involucrados en actividades sociales y conservar diversas amistades superficiales. En cambio, valoran la calidad por encima de la cantidad con todas sus relaciones. Esto no tiene la intención de desanimarle a hacer amigos, y si decide tener un grupo más amplio de amigos, es completamente posible lograrlo.

La buena noticia es que existen algunas cosas que puede hacer para ayudarle a hacer amigos como introvertido. Éstos incluyen:

Frecuentar una "mina de oro de la amistad"

Obtener una "mina de oro de la amistad" implica participar en cualquier tipo de actividad que naturalmente planearía hacer, independientemente de si estaba tratando de hacer amigos o no. Esto es algo que generalmente se puede vincular con una pasión, un valor o una meta más alta, como bailar, asistir a la iglesia o tomar clases de francés. Esta es una gran idea porque se quitará la presión mientras realiza una actividad que disfruta, y con suerte también encontrará amigos que tengan los mismos pasatiempos, metas y pasiones que usted.

Puede elegir tomar una clase de cerámica, asistir a un grupo de ejercicios o pasar tiempo en un club de lectura— las posibilidades son infinitas. Y podrá asistir a estas actividades durante algún tiempo y conocerá nuevas personas de manera regular.

Este enfoque sin presión le ayudará a conocer a alguien nuevo, mientras hace algo que disfruta. Si hace nuevos amigos, es excelente, y puede incluir esas amistades en su vida diaria. Pero si no hace un nuevo amigo, puede probar otra cosa después, y al menos debe hacer algo que ya disfruta o siempre quiso probar.

Permitir que las cosas sean un poco incómodas

A nadie le agrada terminar en situaciones que son demasiado incómodas. Pero cuando es un introvertido tímido que intenta hacer nuevos amigos, esto es algo que va a suceder en ocasiones. Lo que hay que recordar aquí es que la parte incómoda solo durará los primeros minutos. Si puede aceptar e incluso esperar esta incomodidad al principio, descubrirá que esto pasa rápidamente y, a menudo, aún puede conectarse mucho después.

Una vez que pueda restablecer esos pocos minutos, comenzará a formar algunas de las conexiones que necesita. Y si la otra persona no puede manejar esos pocos minutos de incomodidad y decide pasar a hablar con otra persona, entonces no eran el amigo indicado para usted.

Establecer objetivos de amistad realistas

La razón por la que muchos introvertidos se desaniman tan rápidamente cuando están saliendo o tratando de hacer nuevos amigos es porque esperan conectarse con alguien después de solo una o dos salidas. Si comenzamos a esperar que cada evento social nos proporcione algunos amigos para el resto de nuestras vidas, nos sentiremos muy desanimados desde el principio.

Los objetivos que establezca para crear estas nuevas conexiones deben ser más alcanzables. Siendo realistas, podría tomar bastantes reuniones y eventos sociales, distribuidos durante un período de tiempo más largo para que se renueve según sea necesario, antes de hacer nuevos amigos para toda la vida. En algunos casos, puede tomar una o dos interacciones para establecer esta base sólida, pero ese no debería ser su objetivo.

Algunos de los objetivos razonables que puede establecerse incluyen:

1. Iniciar una conversación con una o dos personas nuevas cada vez que se encuentre en un evento social.

2. Practicar uno de los consejos de los que mencionamos en este capítulo, como comenzar una actividad regular que disfrute, como las clases de cerámica, y analizar si establece alguna conexión a medida que se desarrollan las clases.

3. Sonreír, de una manera genuina, con un mínimo de dos o tres personas al salir.

Si puede aspirar a algunos de estos objetivos, descubrirá que es mucho más fácil mantenerse optimista y motivado para hacer nuevos amigos.

Esto puede parecer mucho que llevar a cabo, pero hacer amigos como introvertido no siempre tiene que ser un gran desafío. Si puede tomar las cosas con calma y realmente trabajar hacia sus metas, mientras hace que esas metas sean adaptables para su tipo de personalidad, se sorprenderá de los resultados.

Capítulo 9: Cosas Simples Que Puede Hacer para Ser Más Simpático

¿Es usted alguien que desea poder aumentar lo agradable que es? ¿Le interesaría iniciar una conversación con alguien que conozca y que le agrade al instante?

Todos quieren asegurarse de ser agradables. Algunas personas se preocupan más por esto que otras, pero es un instinto humano natural; estamos programados para querer encajar y "pertenecer". Nos incomoda o molesta escuchar que a alguien no le agradamos, incluso si no conocemos a esa persona del todo.

Existen algunas personas que naturalmente tienen una personalidad que los hace más agradables. Saben qué decirles a los demás, cómo actuar y cómo hacer que otras personas se sientan bien. Incluso si no tiene estas habilidades, hay algunos pasos simples que puede seguir para mejorar su simpatía y convertirse en alguien que también le interese a otros.

Aprender cómo tratar a las personas

Es importante asegurarse de que conocemos la forma correcta de tratar a los demás. Para lograrlo, comience con una sonrisa. Esta es una manera excelente y sencilla de llamar la atención de otra persona. Sonreír, si se hace de una manera natural que no parezca forzada, muestra que es amigable y accesible, y que es una persona positiva. Siempre que pueda, esté preparado para mostrar una sonrisa natural. Una sonrisa falsa también puede funcionar, siempre que no parezca demasiado forzada en el proceso.

Una sonrisa es uno de los saludos más amigables que existen, y puede funcionar para tranquilizar a las personas al instante. Si desea iniciar una conversación con otra persona, o si ve a otra persona que conoce, debe detenerse por un minuto y mostrarle una sonrisa. Por lo general, esto los hará sentir bien y puede alentarlos a que le agraden más.

También debe centrarse en su lenguaje corporal y el mensaje que está enviando, para asegurarse de que sea accesible. Si se encuentra en un evento y se queda contra la pared, cruzando los brazos con una mueca en su cara, les parecerá hostil y molesto a los demás. Esto les hará pensar que deberían mantenerse alejados de usted.

Su lenguaje corporal será muy importante cuando se trata de demostrar que es accesible y que desea hablar con otras personas. Darle la bienvenida a los demás, sonreír y estar de pie con una buena postura y los brazos cruzados a los costados puede ayudar mucho a que los demás se sientan más cómodos a su alrededor.

También puede descubrir que el contacto visual constante puede ser un buen toque también. Solo asegúrese de que su contacto visual no sea demasiado intenso y que recuerde parpadear ocasionalmente para que no termine intimidando a la otra persona en el proceso.

También debemos centrarnos en la importancia de ser amables. A veces es difícil llegar a todas las personas con las que se encuentra con una actitud agradable, especialmente si se siente agotado o molesto. Pero si puede lograrlo con la mayor cantidad de personas posible, puede ser de gran ayuda para construir su buena reputación. La investigación también ha demostrado que existen algunos centros de recompensa del cerebro que se activan más si actuamos generosamente, como cuando ayudamos a un amigo o donamos a una organización benéfica. Ser amable no solo ayuda a los demás a sentirse bien, sino que también demuestra que es una persona afectuosa, y también puede ser algo bueno cuando se trata de su propia felicidad y salud.

La forma en que hace sentir a las personas es una de las cosas principales que recordarán de usted. Asegúrese de mostrar respeto e intente ser cortés, por ejemplo, abriendo la puerta a los demás, dándoles la mano a quienes conoce y tratando a los demás de la forma en que le gustaría que le trataran. Si realmente se equivoca en algo dutante el proceso, asegúrese de disculparse y actuar humildemente en el proceso.

Al conocer a alguien por primera vez, una buena impresión que puede dejar en ellos es recordar su nombre. Ya sea que vea a alguien en la tienda regularmente o un contacto de negocios, aprender los nombres de estas personas puede ser muy importante y realmente los hará sentir valorados y apreciados hacia usted en sus futuras interacciones. Es fácil olvidar el nombre de un conocido, y con solo recordarlo puede realmente resultarle amable a esa persona.

Existen diferentes métodos que puede utilizar para guardar el nombre de alguien en la memoria. Puede repetir el nombre varias veces en esa conversación para que no lo olvide. Puede usar su imaginación y asociación para ayudarle a recordar el nombre. Cuanto más creativo sea con estos métodos de recuerdo, más fácil será recordar ese nombre y la mejor impresión que le dará a esa persona si tiene éxito.

Si alguna vez necesita expresar algunas de sus propias opiniones cuando habla con otra persona, asegúrese de hacerlo de manera respetuosa. Si bien no desea que sus opiniones se vean como si fueran superiores a lo que piensan los demás, aún puede expresar su opinión y compartir su punto de vista. Es importante ser auténtico y solo porque tenga diferentes puntos de vista sobre un determinado tema de discusión, no significa que vaya a perder su simpatía en el proceso.

Puede estar en desacuerdo con las opiniones de los demás, pero debe hacerlo de una manera cortés, que le permita hablar sobre sus propios pensamientos, pero que demuestre que es justo y que también valora la opinión de esa otra persona.

Si ambos no están de acuerdo en un punto, puede detener la conversación y pedirle cortésmente a la otra persona que explique por qué piensa de la manera en que lo hace. Esto le mostrará a la otra persona que está interesado en escuchar más sobre lo que piensa, y luego será más receptivo a las cosas que va a decir sobre su propia opinión sobre el asunto.

Refine su apariencia

Si bien puede parecer un poco superficial, una de las grandes cosas que determinará si le agrada o no a alguien es su apariencia. La forma en que se ve le dará a alguien un juicio rápido de usted, y puede influir en lo receptivo que es para usted cuando lo conoce por primera vez. Si aparece con pantalones de chándal o ropa vieja y no ha tomado una ducha durante muchos días, entonces esto envía el mensaje de que no cuida de sí mismo y la opinión de un desconocido que se encuentra con usted por primera vez lo más probable es que sea desagradable. Pero si cuida su apariencia y se esfuerza en lucir bien, descubrirá que es más fácil causar una buena impresión que realmente marcará la diferencia.

Existen algunas cosas que puede hacer para que esto suceda. Primero, muestre algo de orgullo en su propio estilo personal. Su ropa será una de las primeras cosas en las que la gente se fijará cuando lo vea. Tener su propio estilo, uno que sea único y que demuestre que se enorgullece de su apariencia, demostrará a los demás que tiene confianza en sí mismo, y que ellos también tendrán confianza en usted.

A continuación, debe asegurarse de mantener su propia higiene personal. Puede tener la mejor personalidad del mundo, pero si huele mal o no parece mantener su higiene, otros no querrán estar cerca de usted. Si su objetivo es ser más simpático, entonces debe acostumbrarse a arreglarse cada día. Esto puede incluir bañarse regularmente, aplicar antitranspirante y lavarse las manos.

La higiene oral también es importante. Para asegurarse de que se aliente a las personas a hablar con usted, es importante tomar dos minutos cada día para cepillarse los dientes, dos veces al día o más, para ayudar a eliminar las bacterias que están ahí, para que su aliento huela mejor y para que esos dientes blancos perlados luzcan geniales cuando sonría. Tómese el tiempo para reemplazar su cepillo de dientes al menos cuatro veces al año para mantenerlo saludable.

La higiene bucal no se detiene con cepillarse los dientes. Por ejemplo, también puede tomarse un tiempo para usar hilo dental todos los días, o usar un poco de barra de labios para hidratarlos de manera regular, especialmente en los meses más fríos.

Y finalmente, asegúrate de tener cuidado con el maquillaje que está usando. Puede usarlo para mejorar su propia apariencia y para asegurarse de que las mejores partes de su cara estarán resaltadas, pero no debe exagerar. Mantenga el maquillaje al mínimo, en lugar de exagerarlo, para ayudarlo a parecer más natural y hacer que los demás se sientan más cómodos a su alrededor.

Se sorprenderá de algunas de las cosas que puede hacer que sucedan, y de lo fácil que es sentirse seguro, cuando siente que es más agradable para las otras personas que lo rodean. Es más probable que quieran hablar con usted, que escuchen las cosas que dice y le hagan preguntas, y que quieran ser su amigo, incluso si es un introvertido muy tímido. Cuidar de seguir estos consejos para tener más confianza y simpatía realmente puede marcar la diferencia para mejorar las pequeñas charlas y otras técnicas de comunicación.

Capítulo 10: Cómo Iniciar y Construir Relaciones como Introvertido

Como introvertido, es posible que hacer nuevos amigos no siempre sea tan fácil como puede ser para otros. A los introvertidos les agrada guiarse más por la calidad al elegir a sus amigos que por la cantidad. Entonces, aunque algunas personas están interesadas en salir y tener tantos amigos como sea posible, los introvertidos tienden a ser más selectivos y exigentes, y solo elegirán amigos que realmente los entiendan, que compartan los mismos intereses y que estén dispuestos a aceptarlos como son.

Si un introvertido no puede compartir sus pensamientos, secretos y sueños más íntimos con otra persona, entonces nunca considerarán a esa otra persona como su amiga. Pueden considerar a esta persona como un buen conocido, o alguien que les agrada mucho, pero en realidad no es un verdadero amigo. Debido a este deseo de mayor profundidad y calidad en sus amistades, el introvertido está perfectamente cómodo teniendo solo uno o dos amigos.

Por supuesto, esto no significa que a los introvertidos no se les permita tener una gran cantidad de amigos si así lo desean. Algunos introvertidos son más sociables y prosperan con un mayor número de amigos. Pero esto no significa que se van a quedar sin amigos y que tengan más amigos solo para decir que los tienen.

Sin embargo, los introvertidos a menudo encontrarán que les es más difícil desarrollar las amistades de alta calidad que están buscando. Tienen problemas cuando se trata de llegar a nuevas personas, e incluso cuando lo hacen, les resulta difícil encontrar a alguien con quien "hagan clic".

El problema aquí es que todas las personas, ya sean introvertidas o extrovertidas, están hechos para estar en la sociedad y buscar relaciones. De hecho, existen muchos estudios que muestran que ser social y tener relaciones cercanas con los demás aumenta la salud mental y física del individuo, junto con su felicidad general. Pero la falta de amistades cercanas y parte del aislamiento que conlleva esto puede tener exactamente el efecto contrario.

A pesar de la creencia de que a la mayoría de los introvertidos ni siquiera les agraden otras personas, estas personas necesitan una conexión humana, al igual que todos los demás. Pero van a tener algunas necesidades diferentes cuando se trata de sus relaciones.

Una buena manera de pensar sobre las necesidades emocionales de un introvertido, en comparación con un extrovertido, es que están bien teniendo a otras personas alrededor y en la misma casa, pero no les agrada que mucha gente esté en la misma habitación que todos al mismo tiempo. Están cómodos con las personas, pero obtienen energía al pasar tiempo a solas, sin que otras personas estén encima de ellos.

Sin embargo, el mundo que los rodea no siempre será el más propicio para este ideal. El mundo a menudo va a ser ruidoso y complicado, y sentarse junto a alguien en silencio no va a crear una amistad duradera. Es importante recordar que los introvertidos son tan capaces de crear algunas de las conexiones humanas que necesitan, pero a veces necesitan alejarse de sus propias zonas de confort para que esto suceda.

Existen algunas cosas que puede hacer para que sea más fácil encontrar amigos, incluso cuando es introvertido. En realidad, no es tan difícil como puede imaginar.

Si no tiene la energía para acercarse a otros, encuentre formas de atraerlos hacia usted

Como introvertido, habrá ocasiones en las que estará demasiado agotado o incómodo para salir y tratar de conversar para encontrar nuevos amigos. Puede entrar en una habitación llena de gente, y solo deseará correr hacia otro lado. Esto es correcto. Está bien no siempre tener la energía necesaria para ser demasiado social y estar persiguiendo a otros e intentando hacer todo el trabajo para formar las conexiones que necesita.

Esto no significa que deba rendirse. Simplemente significa que debe encontrar otras formas de hacerlo. Un método que puede ser igual de efectivo, si no mejor, es encontrar una manera de atraer a otros para que se acerquen a usted, en lugar de recurrir a ellos. La idea de una sonrisa también puede recorrer un largo camino.

No importa en qué estado de ánimo se encuentre, no importa cuán cansado esté y no importa qué circunstancias sucedan a su alrededor con anticipación, asegúrese de que su objetivo final sea sonreír tanto como sea posible.

Supongamos que está en una fiesta y observa a alguien entrar en la habitación. Si hace contacto visual con esa persona y le sonríe, le captarán y tal vez incluso se acerquen a hablar. Es decir, si están interesados en hacer una conexión ellos mismos. Si no se acercan, entonces puede seguir con las cosas que estaba haciendo antes. Si se acercan, ha creado un comienzo amigable para conocer a alguien nuevo, y todo lo que tiene que hacer es sonreír. Puede saludarlos calurosamente y lo más probable es que comiencen una conversación y traten de mantenerla en marcha, y simplemente puede continuar.

No siempre es su trabajo agradar a otros

Los introvertidos tímidos pueden sentir mucha presión en los entornos sociales para ser extrovertidos, vivaces y simpáticos, temiendo que no haya forma de que otra persona les agrade o se convierta en su amigo. Cuando intentan ser simpáticos o extrovertidos, generalmente no les va del todo bien. A menudo, luchan y confunden sus palabras, o se ríen mucho, y la situación se vuelve más incómoda para ellos a medida que avanza.

Algo que debe recordar es que en realidad no existe una regla que indique que se necesita ser simpático para tener la esperanza de establecer conexiones. En lugar de esforzarse demasiado por agradar a los demás, o tratar de comportarse de la manera que lo haría un extrovertido, intente tener confianza en sí mismo. Aprenda a estar seguro de sí mismo en las cosas que aprecia y defiende, en los intereses y valores que posee, y en quién es usted.

No hay nada de malo en ser "el callado" cuando está en un entorno social. Claro, existe mucho rechazo en nuestro mundo en contra de esto, donde la gente piensa que necesita ser extrovertido y actuar de cierta manera, pero esta no es la forma en que la mayoría de los introvertidos funcionan.

Cuando esté listo para comunicarse con otra persona, dé un paso adelante y hágalo. Si no lo hace, no se presione. Si alguien comienza a acercarse a usted, no se sienta nervioso. Si siente confianza en quién es como persona y su simpatía innata, entonces no importa lo que la otra persona piense de usted, o si existen momentos incómodos en su conversación. Cuanto más cómodo se sienta con no ser el alma de la fiesta, y cuanto menos intente cambiar su personalidad, más probable es que pueda comenzar a disfrutar y atraer el tipo de personas y amistades que serán mejores para usted.

Es correcto ser vulnerable en ocasiones

Para muchos introvertidos, a veces es difícil ser vulnerable. Muchas de estas personas prefieren mantenerse ocultas, y se esfuerzan por mostrar una personalidad perfecta a todas las personas con las que se encuentran. Pero al construir amistades, piense en estas palabras de C.S. Lewis: "La amistad nace en el momento en que una persona le dice a otra: "¡Qué! ¿También usted? Pensé que era el único...". Este momento no va a suceder entre usted y otra persona a menos que pueda ser lo suficientemente valiente como para abrirse.

Cuanto más esté dispuesto y pueda abrirse a estas nuevas amistades, más significado habrá detrás de ellas. Para comenzar a revelar una buena cantidad de vulnerabilidad, será necesario comenzar en alguna parte. ¿Por qué no puede comenzar con usted? Mostrarle a alguien que está dispuesto a ser honesto y abierto también le da permiso para ser honesto y abierto. Ambos pueden alimentarse entre sí de esta manera, en un ciclo que creará un vínculo más profundo que antes. Existen diversas manetas en que puede mostrar cierta vulnerabilidad a otra persona. Cuando conoce a alguien nuevo, puede hacerlo de un modo simple. No tiene que presentarse y luego comenzar a hablar de sus mayores miedos en los primeros cinco minutos. Algunos ejemplos de cómo mostrar inicialmente alguna vulnerabilidad podrían incluir las siguientes afirmaciones:

1. "Realmente deseo que haya algunas personas que conozco en esta reunión".

2. "¿Conoce buenos rompehielos? Nunca he sido realmente bueno en ellos".

3. "No sé usted, pero yo realmente no soy fanático de este tipo de grandes fiestas".

Después de haber tenido la oportunidad de hablar con alguien por un tiempo, o tal vez encontrarse con él más de una vez, es hora de construir una relación un poco más profunda. La forma en que muestra más vulnerabilidad cambiará a medida que se desarrolle la relación. Algunos ejemplos de cosas que puede decir para mostrar su vulnerabilidad a medida que comienza a desarrollar estas nuevas relaciones incluyen:

1. "Empiezo a sentirme muy ansioso cuando llego a una nueva clase".

2. "Me gusta salir con usted".

3. "Tengo problemas con [añada el problema aquí]. ¿Puedo tomarme unos minutos para   desahogarme?"

4. "Realmente aprecio la forma en que me ha estado apoyando".

Es muy importante ser vulnerable con otra persona si van a ser amigos. Los amigos deben ser aquellas personas con las que se sienta cómodo para compartir su vida personal. Si solo desea esforzarse en las apariencias externas siempre y nunca profundizar en ninguna de las cosas que verdaderamente importan, entonces solo son conocidos. Pero cuando se abre y se permite ser un poco vulnerable, entonces descubrirá que pueden comenzar a formarse vínculos más profundos.

Busque a otros introvertidos como usted

No hay nada de malo en elegir a un extrovertido para que sea su amigo. Pueden ayudarle a salir más socialmente y experimentar diferentes cosas en la vida, y pueden ser muy divertidas. Este consejo no indica que evite por completo hacer amigos extrovertidos. Si siente una conexión con ellos, hágalo.

Pero si todos sus amigos son extrovertidos, a veces puede ser agotador emocionalmente, ya que querrán salir y ser sociables todo el tiempo, mientras usted anhela un poco de paz y tranquilidad en su propia casa.

Como introvertido, a veces es mejor que la mayoría de sus amigos sean introvertidos y que busque a otros introvertidos para pasar el tiempo. Cada vez que salga a un entorno social, ya sea una fiesta, un campamento, la escuela, etc., su objetivo debe ser buscar a otros introvertidos como usted, que probablemente le entiendan mejor y le brinden el espacio que necesita.

Existen diversos beneficios sobre elegir a los introvertidos como amigos. No van a presionarlo para que cambie su forma de pensar o su personalidad. No intentarán convertirle en una persona vivaz cuando no lo sea. Entonces, ¿cómo encuentra a estas personas? Mire alrededor de la sala y observe si hay alguien que esté pasando el rato en silencio por los rincones. Luego puede hacer el primer movimiento e ir a hablar con ellos. Podría ser el comienzo de una gran nueva amistad.

Descubra el lenguaje de amor de la otra persona, y luego comparta el suyo

Aunque los Cinco Lenguajes del Amor a menudo se orientan hacia relaciones que son más románticas, también se pueden usar en muchas otras situaciones. Las parejas los han usado para ayudar a entenderse mejor. Los padres los han usado para ayudar a entender a sus hijos y cómo criarlos mejor. E incluso puede usar estos lenguajes de amor para profundizar sus amistades.

Existen algunas pruebas simples que puede realizar para descubrir cuál es su lenguaje de amor, y también puede aprender un poco más sobre los demás. No todos van a tener el mismo lenguaje de amor que usted. Al suponer que todos ven las cosas de la manera en que usted lo hace, pierde la oportunidad de apreciar cuán único es cada individuo, lo que puede generar desacuerdos y dificultar la formación de las conexiones profundas que se necesitan.

Existen cinco de estos lenguajes de amor a tener en cuenta, e incluyen: contacto físico; actos de servicio; palabras de afirmación; regalos; y tiempo de calidad. A menudo descubrimos que daremos amor de la misma manera en que queremos recibirlo. Pero si la otra persona con la que estamos tratando de conectarnos tiene un lenguaje de amor diferente, el efecto deseado no se recibirá.

Por ejemplo, si "actos de servicio" es su lenguaje de amor, es más probable que realice favores para la otra persona, les ayude a limpiar o les prepare la cena. Pero si su lenguaje de amor es el "contacto físico", entonces puede haber una desconexión. Esto no significa que no apreciarán las cosas que hace, simplemente no conducirán a una conexión profunda. Necesita conocer dónde está su lenguaje de amor, y ellos tienen que conocerle para saber dónde está su lenguaje de amor, y así formar esas excelentes conexiones.

El primer paso es conocer su lenguaje de amor. Eche un vistazo a las cinco opciones enumeradas anteriormente y analice si alguna de ellas se destaca por cómo reacciona ante otras personas y qué comportamiento aprecia más de los demás. Si no está seguro, puede considerar probar con un test en línea para ayudarlo. Una vez que sepa cuál es su propio lenguaje de amor, puede concentrarse en el lenguaje de amor de quienes lo rodean, lo que le facilitará la conexión de una manera mejor y más efectiva.

Espere las conexiones verdaderas, y no intente conformarse

Esto es algo que será natural para muchos introvertidos, pero nunca es algo que duela que se les recuerde. No existe nada como el momento del encuentro de dos almas. No debe apresurarse y hacerse amigo de la primera persona con la que se encuentre, a menos que usted y esa persona realmente puedan hacer clic y sienta una conexión más profunda. Espere un momento y analice si puede encontrar a alguien que realmente lo complete, que realmente lo "atrape", en lugar de simplemente aprovechar la primera oportunidad de amistad que encuentre.

Como introvertido, es una buena idea esperar a un buen amigo. Espere a alguien que lo haga sentir seguro y cómodo de inmediato. Espere a alguien con quien sienta que puede hablar sobre cualquier cosa, sin tener que preocuparse de que lo juzguen. Espere a alguien que pueda hacerle feliz.

A muchos introvertidos les puede llevar algún tiempo abrirse a los demás, porque son muy conscientes de sus propias vidas internas. Lo bueno de esto es que muchas veces, pueden tener una idea rápida de si conectan con alguien o no.

Los introvertidos pueden impacientarse cuando no pueden establecer esas conexiones profundas rápidamente. Pero recuerde que siempre vale la pena esperar por ese amigo entre un millón.

Ser intencional

Como introvertido, necesitará tomar algunos pasos y precauciones adicionales para asegurarse de poder comunicarse con otras personas. Muchos introvertidos pueden encontrar que es fácil quedar atrapados en su propio mundo y posteriormente no hablar con otros durante un largo período de tiempo. Puede parecer que están ignorando a otras personas, o que realmente no les importa, pero en realidad, pueden perder de vista las cosas o incluso no pensar en ello.

Es importante no caer en esta trampa. Tiene que reunirse con sus amigos a menudo, y esto será aún más importante a medida que envejezca. Por supuesto, también es algo que se volverá un poco más difícil, especialmente si continúa diciendo: "Deberíamos reunirnos...", pero no lo convierte en una prioridad con el paso del tiempo. Desafortunadamente, para muchas amistades, especialmente cuando involucran a introvertidos, esto puede suceder fácilmente.

Sin embargo, descubrirá que un poco de esfuerzo será de gran ayuda. No tiene que hacer algo grande o hacer un gran gesto cada vez que se reúna con ellos. Un simple mensaje de texto para consultar con la otra persona, una llamada telefónica o Skype, o una reunión o evento planeado con anticipación pueden ayudarle a conservar mejor sus amistades, incluso cuando se trata de estar separados por el tiempo o espacio.

Tomará un poco de esfuerzo hacer que sus amistades prevalezcan. Debe asegurarse de ser intencional al establecer tiempo para priorizar a otras personas, incluso cuando siente que es imposible o agotador. Cuando lo logre, descubrirá que conduce a relaciones más profundas y significativas, y esto puede ser muy beneficioso para su bienestar mental, emocional y físico.

Capítulo 11: Otras Maneras de Incrementar Sus Habilidades de Comunicación

Existen diversas maneras en que podemos comunicarnos con el mundo que nos rodea. Podemos escribir cartas, enviar correos electrónicos, enviar mensajes de texto y hablar con otras personas por teléfono o en persona. Incluso existe una parte completa de la comunicación que no es verbal y no incluye ninguna palabra. Es muy importante, ya sea introvertido o extrovertido, aprender cómo comunicarse con quienes lo rodean, ya sea participando en pequeñas charlas, conversaciones de negocios o conversaciones más profundas.

En este capítulo, veremos algunas de las otras cosas que puede hacer para aumentar sus propias habilidades de comunicación. Las habilidades de comunicación sólidas pueden beneficiarlo en una amplia variedad de situaciones, y algunas de las cosas que puede hacer para aumentar sus habilidades de comunicación y mejorarlas incluyen lo siguiente:

Deshágase de cualquier relleno de conversación que no sea necesario

Los um y los ah pueden ser una parte normal de la forma en que habla, pero no ayudarán mucho para mejorar su discurso o la forma en que se desarrollan sus conversaciones cotidianas. Necesita encontrar formas de recortarlos tanto como sea posible. Esto le ayudará a ser más persuasivo, a parecer y a sentirse más seguro, y realmente puede ayudar al flujo de la conversación.

Pero, ¿cómo esforzarse para romper este hábito, uno que probablemente se formó hace muchos años? Una forma en que puede lograrlo es comenzar a llevar un conteo continuo de cuando dice cualquier palabra de relleno, algo como ah, um, o cualquier otra palabra que realmente no tenga significado. Una vez que analice cuántas veces dice estas palabras en cada conversación, se sorprenderá y motivará para concentrarse y resolver el problema.

También existen algunas otras cosas que puede hacer para ayudar en esta situación. A veces, solo encontrar formas de relajarse cuando está en medio de una conversación puede marcar la diferencia. Cuando está tenso y nervioso, lo que a menudo puede suceder cuando un introvertido tímido se encuentra en un lugar público y participa en una pequeña charla, es que esos sonidos y palabras de relleno sean más probables. Simplemente tomar algunos pasos, como quitarse las manos de los bolsillos y hacer algunas pausas antes de hablar, puede realmente reducirlos.

A menudo, comenzaremos a apresurar algunas de las oraciones y palabras que queremos decir. Nos preocupa tener pausas en la conversación. La verdad es que esos silencios siempre nos parecerán más incómodos, pero a menudo la otra persona ni siquiera se percatará de ello. Es mucho mejor tener unos segundos de pausa para poder pensar en lo que va a decir a continuación, en lugar de ralentizar sus pensamientos y hacer que suene discordante a medida que agrega esas palabras innecesarias de relleno.

Considere tener un guion para ayudar con la pequeña charla

Una pequeña charla puede parecer bastante simple en teoría, pero en realidad, es una forma de arte con la que mucha gente tiene dificultad. Es importante estar lo más preparado posible. Y para algunos introvertidos, tener un pequeño guion con ideas y sugerencias puede ser la respuesta a este problema.

El método FORD puede ser la opción correcta para ayudarle. FORD significa familia, ocupación, recreación y sueños. Esta es una buena manera de recordar algunos temas que puede comentar con otra persona. Solo pensar en esas palabras puede ser suficiente para ayudarle a avanzar a tener un nuevo tema del que hablar. También puede usarlo para ayudarle a convertir una pequeña conversación incómoda en una mejor conversación a medida que comparte información que podría ayudarle a usted y a la otra persona a encontrar algo en común.

También puede pensar en algunas cosas que puede mencionar para cada tema de familia, ocupación, recreación y sueños. No desea entrar en ninguna conversación y tener todo el proceso escrito. Esto sería obvio para la otra persona y los va a desconectar muy pronto. Pero cuando hace lo suficiente para ayudarle a comenzar, y posteriormente deja que la conversación siga su curso natural, se sorprenderá de lo fácil que es hablar con alguien, ya sea que lo haya conocido durante mucho tiempo o simplemente se acababan de conocer.

Realice muchas preguntas e intente repetir lo que dice la otra persona

Esto no es una sugerencia para simplemente charlar con otra persona y no traer nada a la mesa conversacionalmente. Y tampoco se trata solo de hacer preguntas tras preguntas sin hablar de usted nunca. Pero es una buena manera de hacer que la otra persona hable y asegurarse de que la conversación continúe sin demasiadas pausas incómodas u otros problemas.

Sin duda ha habido ocasiones en que, no importa cuánto lo intente, se quedó dormido cuando alguien más estaba hablando y se perdió lo que estaban diciendo. Esto nos ha sucedido a todos en algún momento; las personas son criaturas distraíbles. O en otras ocasiones, tal vez estaba prestando atención, pero escuchó mal lo que dijo otra persona.

Hacer preguntas durante una conversación y detenerse en ocasiones para repetir lo que esa otra persona ha dicho puede ayudar a aclarar cualquier cosa que pueda parecer confusa, y puede ayudarle a mantenerse en el momento y mantenerse al día con la conversación.

Sin embargo, trate de no hacer que esto parezca molesto, repitiendo constantemente todo lo que dicen y no agregando nada usted mismo. Pero si encuentra una manera de repetir algunas de las palabras en su oración de seguimiento, esto realmente puede ayudarlo a recordar lo que estaba sucediendo durante la conversación.

Esto también puede ayudarle a llenar cualquiera de los silencios incómodos que aparecen de forma natural cuando usa una conversación breve. En lugar de tratar de acelerar una conversación con todos los temas habituales y aburridos, como el clima, puede hacer algunas preguntas interesantes a la otra persona para que hablen. Luego, cuando le brinden algunas respuestas, puede trabajar para comprometerse con esas respuestas. Recuerde, siempre es más importante en las pequeñas conversaciones que usted esté interesado en la otra persona, más que ser interesante para ellos.

Encuentre formas de adaptar su mensaje a la audiencia

Los mejores comunicadores que existen son quienes pueden ajustar su forma de hablar y el mensaje que están transmitiendo en función de con quién están hablando.

Es posible que ya lo esté haciendo sin siquiera darse cuenta. Piénselo de esta manera, ¿utiliza el mismo tono, el mismo estilo de comunicación o incluso los mismos temas cuando habla con sus compañeros de trabajo en comparación con hablar con su familia? ¿Habla con sus amigos, maestros, jefes y personas que acaba de conocer de la misma manera? Probablemente no.

Cuando esté listo para conversar, trate de recordar la perspectiva de la otra persona y la mejor manera de acercarse o comunicarse con ella. Por ejemplo, si está hablando con su jefe en el trabajo, deberá mantener las cosas en un tono profesional, por lo que no sería apropiado decirle que se siente cansado e improductivo porque tiene resaca de la noche anterior. Sin embargo, si está con un amigo cercano, puede sentirse más relajado e incluso abrazarlo antes de solicitar una actualización sobre un asunto personal.

Sin embargo, si está con un amigo cercano, puede sentirse más relajado e incluso abrazarlo antes de solicitar una actualización sobre un asunto personal.

Adaptar su mensaje a su audiencia puede ayudarle a comunicarse un poco más fácilmente. Puede tener en cuenta el contexto de su relación, y pensar en algunas cosas que disfrutan, o dónde trabajan y qué hacen en su tiempo libre, o incluso sobre su vida personal si los conoce, y encontrará una gran variedad de temas que pueden ayudarle con este enfoque.

Sea breve y específico

Las pequeñas charlas a veces pueden conducir a conversaciones más profundas, pero a menudo este es solo un momento para ponerse al día rápidamente. Siempre es una buena idea ser específico y breve, en lugar de continuar sobre un tema que a nadie le interesa.

El acrónimo BRIEF— antecedentes, razón, información, finalización y seguimiento— puede usarse para ayudar. Seguir esta fórmula le ayuda a ser conciso y a mantener las conversaciones relevantes, al brindar un contexto rápido o información de fondo, seguido de la razón por la que ha mencionado un tema en particular. Luego, asegúrese de resaltar la información clave que desea compartir, antes de concluirla. Finalmente, puede hacer un seguimiento considerando cualquier pregunta que pueda surgir después. Es excelente recordarlo cuando se trata de enviar correos electrónicos y correspondencia escrita, pero usar BRIEF para ser claro y conciso también puede funcionar para evitar el aburrimiento cuando se trata de comunicación verbal.

Aumentar el nivel de simpatía que brinda

Recuerde siempre que la comunicación es una calle de doble sentido. Nunca debe ser el único que habla todo el tiempo, y tampoco debe estar escuchando todo el tiempo. Debe haber algo de conversación y algo de escucha en ambos lados para garantizar que la conversación continúe y que nadie sienta que está siendo ignorado o que está haciendo todo el trabajo.

Además de esto, es posible que mostrar cierta empatía también marque una gran diferencia. Puede ayudarle a relacionarse con la otra persona y descubrir cómo conectarse en un nivel más profundo. No significa que deba complacer a las personas que solo dicen lo que cree que los demás quieren escuchar, pero significa que tendrá una idea de cómo se sentiría una persona cuando hable sobre un tema determinado. Esto también puede ayudar a evitar parecer torpe e insensible al dañar accidentalmente los sentimientos de la otra persona, porque carece de la capacidad de reconocerlos o ponerse en el lugar de la otra persona.

Puede desarrollar empatía con cualquiera; no tiene que estar cerca de ellos. Desarrollar la empatía le ayudará a comprender mejor todo lo que dice la otra persona, incluso algunas de las partes no dichas. Por ejemplo, si su amigo le dice que está emocionado de que su hijo haya tenido su primer diente, puede notar que mientras sonríe cuando dice esto, también parece muy cansado y con poca energía. Puede empatizar con él diciendo algo como: "¡Guau, eso es genial! Y también debe estar contento de dormir un poco más ahora que no está dentando y con tanto dolor". Será un alivio para el orgulloso padre reconocer que sí, también está agotado y ambos padres esperan tener una noche más tranquila ahora que el diente de su hijo finalmente está fuera. Además de formar una conexión más profunda con esa persona, la empatía también puede ayudarle a responder de manera más efectiva en todas sus comunicaciones con los demás.

Reconocer la importancia del lenguaje corporal

El lenguaje corporal es una gran parte de la comunicación y, sin embargo, es algo a lo que mucha gente ni siquiera presta atención consciente en primer lugar. En muchos casos, será más preciso evaluar lo que una persona siente y expresa a partir de su lenguaje corporal, que las palabras que se usan. Si alguien dice: "Estoy feliz", pero está de pie y tenso, con un tono enojado y los puños cerrados, entonces es probable que en realidad esté enojado en lugar de feliz. Pero observamos el lenguaje corporal para detectarlo.

El viejo dicho, "Las acciones hablan más que las palabras", es cierto, y a veces es posible que las personas comuniquen muchas cosas diferentes sin tener que pronunciar una sola palabra. Por ejemplo, ¿con qué frecuencia ha logrado encogerse de hombros y, sin decir una palabra, transmitir que desconoce la respuesta a algo? O, ¿cuántas veces simplemente ha levantado las cejas para transmitir que no puede creer lo que la otra persona acaba de decir? Del mismo modo, ¿cuántas veces ha hecho un gesto con las palmas de las manos hacia arriba para sugerir: "No sé qué más decir"?

También existen momentos en que el lenguaje corporal se puede utilizar para ayudar a reforzar algunas de las palabras que estamos diciendo. Podríamos entusiasmarnos con algo y mover nuestras manos para demostrarlo. O podríamos encoger nuestros hombros y expresar un tono triste cuando hablamos de algo que nos está deprimiendo.

Además, prestar atención al lenguaje corporal que alguien más está enviando nos ayudará a determinar si esa otra persona nos está diciendo la verdad, o si están mintiendo o simplemente están dejando algo fuera de la ecuación. Existen diversos signos que se mostrarán cuando una persona mienta. Por ejemplo, pueden aclararse la garganta, tartamudear, cambiar el tono de su voz, o detenerse para poder pensar en otra explicación plausible. Pueden golpearse el pie, ponerse las manos en la cara, sonrojarse o incluso levantar los hombros para mostrar que se sienten incómodos, ya que no están diciendo la verdad.

Este es solo un ejemplo de cómo puede usar el lenguaje corporal para descubrir lo que la otra persona realmente está pensando o sintiendo. Puede detectar cuando alguien está ansioso, cuando está enojado, cuando está feliz y emocionado, o incluso cuando está triste, basándose en las señales del lenguaje corporal que envía en lugar de en las palabras que dice.

Otro ejemplo es si un empleado le menciona a su jefe que estaría más que feliz de aceptar una nueva cuenta, pero sus señales del lenguaje corporal muestran que realmente no está contento de asumir ese trabajo adicional, y preferiría estar haciendo otra cosa.

Si la gerencia no está prestando atención, solo escucharán las palabras y asumirán que el empleado desempeñará el trabajo sin problemas. Pero cuando el líder y los gerentes realmente comiencen a prestar atención a las señales no verbales que el empleado está enviando, se darán cuenta de que deben tratar de encontrar a alguien más que se encargue de la tarea. Es posible que el empleado no quiera decepcionar a su jefe, por lo que elige decir "sí", a pesar de que su mente no está realmente interesada.

El lenguaje corporal puede usarse en una entrevista de trabajo en muchos casos. Si el lenguaje corporal de una entrevista en particular muestra que está realmente cómodo con el tema y son favorables para transmitir confianza durante las preguntas de la entrevista, entonces existe una mayor probabilidad de que este individuo consiga el trabajo, especialmente si el mercado laboral es complicado. Por otro lado, si el solicitante entra en la entrevista con la apariencia de estar incómodo o parece que no tiene el control, estos son rasgos que desconectarán al entrevistador y pueden perjudicar sus posibilidades de conseguir el trabajo.

El lenguaje corporal también puede ser importante cuando se trata de hacer amistades. Nadie desea tener una conversación completa con otra persona y sentir que está siendo ignorado o que no se le presta atención.

Entonces, ¿cómo saber si alguien está prestando atención o no o si realmente se preocupa por lo que tiene que decir? Si la otra persona se inclina hacia adelante —en esa conversación en lugar de alejarse de ella—, esto indica un interés en el tema. Escuchar a la otra persona y hacer contacto visual también puede mostrar interés. Estas son señales que puede buscar cuando está hablando con otra persona, y que puede usar cuando también está tratando de transmitir interés.

Existen muchos tipos diferentes de lenguaje corporal a los que puede prestar atención para determinar si alguien realmente está diciendo lo que dicen las palabras. Algunos aspectos diferentes del lenguaje corporal a los que debe prestar atención incluyen:

1. **Movimiento y contacto ocular:** Cuando intente trabajar en una buena comunicación y quiera asegurarse de que su lenguaje corporal exprese las cosas que desea, debe asegurarse de prestar atención al movimiento y al contacto visual. Cuando hable con otra persona, mantenga contacto visual con ellos y no permita que sus ojos se desvíen. Si permite que esto suceda, le está mostrando a la otra persona que está aburrido o que hay otras cosas que son más importantes y que merecen su atención. Esto puede interpretarse como inadecuado y puede dificultar la creación de esas conexiones más profundas que está exteriorizando y comenzando a expresar.

2. **Postura:** La postura es otro determinante que debe tener en cuenta para saber si alguien quiere decir las palabras que está diciendo y si está obteniendo su intención. Alguien que esté cómodo y seguro tendrá una buena postura. Se quedarán de pie erguidos y rectos, tendrán una sonrisa en la cara y mantendrán un buen contacto visual durante toda la conversación. Alguien que no está seguro, y que tal vez no esté disfrutando de la conversación, se encorvará un poco,

tendrá problemas para mantener el contacto visual y tal vez incluso aleje su cuerpo de usted en un intento de alejarse.

3. **La postura de las manos:** Las manos proporcionarán una gran pista de cómo se siente la otra persona o qué está pensando. Si tienen los brazos cruzados sobre el pecho, esto puede indicar que están a la defensiva o incómodos en la situación. Pero si sus manos se mueven y están excitadas, podría mostrar que están realmente animados por el tema en cuestión.

La posición de las manos también puede indicar si están seguros, cómodos, o tensos. Si la otra persona parece estar tensa cuando se encuentra a su alrededor, puede ser una señal de que está haciendo o diciendo algo que los hace sentir de esa manera, o tal vez los dos no están conectando. A veces puede descubrir por qué están tan tensos en función de lo que dicen. Por ejemplo, si se está hablando de una mala semana en el trabajo, podría ser la razón por la que sus hombros están tensos. Pero en otros casos, puede ser más una señal de que algo está mal con la conversación o cómo se sienten, y puede ser hora de darles un descanso y encontrar a alguien más con quien hablar.

4. **Tono de voz:** El tono de voz que usa la otra persona va a revelar mucho cuando se trata de descubrir lo que realmente desea expresar. Las palabras que alguien repite y su tono de voz pueden revelar ideas completamente diferentes en algunos casos. Si no está seguro de lo que quiere decir la otra persona, intente prestar atención a su tono de voz y analizar si ofrece algunas pistas.

5. **Su manera de acercarse:** No desea que alguien esté tan cerca de usted le haga sentir incómodo. Pero tampoco desea que estén tan lejos que casi tiene que gritar para tener una conversación, especialmente en un espacio repleto de gente. La posición del cuerpo de la otra persona puede indicar qué tan cómodos están con usted. Si nota que alguien está más lejos, o parece que se alejan un poco de usted mientras habla,

esto puede indicar que no se sienten cómodos estando cerca de usted en ese momento o que necesitan estar en otro lugar. Pero si la persona está mirando hacia usted y mantiene una distancia constante lo suficientemente cerca para su comodidad, entonces es una buena señal de que disfrutan pasando tiempo con usted y buscan mantener la conversación.

Existen muchos aspectos diferentes fruto de una buena comunicación con otra persona. Tiene que preocuparse por cómo funciona su lenguaje corporal, debe prestar atención a la otra persona y no siempre pensar en las cosas que va a decir a continuación, y debe proponer buenos temas que puedan mantener la conversación en curso. Pero si puede recordar algunos de estos consejos y los otros consejos de los que hemos hablado, descubrirá que una pequeña charla es más fácil de lo que piensa, y no pasará mucho tiempo hasta que comience a hacer las conexiones significativas que usted está buscando.

Capítulo 12: Consejos para Desarrollar sus Habilidades Sociales

Si siente que siempre es un invitado incómodo en los eventos sociales, o si le cuesta constantemente entablar nuevas conversaciones porque es tímido, entonces es posible que este diálogo interno negativo esté afectando su carrera y su vida social. Al mejorar sus habilidades sociales, comenzará a sentirse más cómodo sin importar la situación social, hará nuevos amigos y se divertirá más cuando salga, incluso aunque sea introvertido.

Comenzar a actuar como una persona social

Esto puede ser complicado. Es posible que en lugar de salir y hablar con la gente todo el tiempo, prefiera irse a casa. Pero con el tiempo, socializar será más fácil.

Esto no significa que tenga que salir y cambiar toda su personalidad. Existen muchas cosas buenas sobre ser introvertido, pero si puede actuar un poco y comportarse de un modo un poco más social al salir, incluso cuando no lo siente, puede encontrarse con esa pequeña charla y unirse a unas conversaciones que pueden comenzar a sentirse más naturales. No permita que la ansiedad o la timidez se interpongan y dificulten las cosas. Depende de usted tomar la decisión de hablar con gente nueva y comenzar estas conversaciones, incluso cuando se sienta un poco nervioso al respecto.

Es correcto comenzar lentamente

Como introvertido, probablemente no prefiera pasar todo su tiempo libre asistiendo a fiestas o a diversas situaciones sociales. Los introvertidos a veces pueden ponerse nerviosos al notar que su calendario se llena todo el mes. Desean poder sentarse y disfrutar de algunas cosas y, a veces, después de una larga semana en el trabajo, les gustaría tener algunas noches libres en casa para estar solos y renovar sus energías antes de volver a la escena social.

Si salir cada noche de fiesta o pasar mucho tiempo en una multitud le parece abrumador, es correcto comenzar poco a poco. Aun así, debe ser más sociable y salir al menos ocasionalmente. Pero un enfoque "lento y constante" definitivamente puede ayudarle también.

Una manera de comenzar con poco, es simplemente decir "gracias" al empleado de la tienda de comestibles la próxima vez que vaya de compras. Luego, después de algunas veces, comience a comenzar una pequeña charla mencionando el clima, o preguntando sobre la familia de la persona o cómo le está yendo en la escuela. Esto puede ayudarle a practicar un poco más con una pequeña charla y puede hacer que sea más fácil entablar una conversación con otros cuando se encuentre en entornos sociales.

Es más fácil lograr que otros hablen de sí mismos

Muchos introvertidos encuentran que es incómodo hablar de sí mismos cuando están con otros. Sienten que hacerlo les hace parecer jactarse o les pone en el foco de atención. Preferirían dejar que la otra persona hable la mayor parte del tiempo y que hable sobre sí misma, mientras pasan el tiempo haciendo muchas preguntas.

La buena noticia es que puede cambiar fácilmente la conversación. De hecho, descubrirá que a muchas de las otras personas que conoce realmente les encantará hablar de sí mismas. Cuando encuentran un oído que está listo para escuchar, a menudo simplemente seguirán y seguirán, y pronto habrá sido un buen aliado, y todo lo que tenía que hacer era hacer preguntas y mostrar su interés en esa otra persona.

¿Cómo se inicia todo esto? Simplemente haga una pregunta sobre la otra persona. Esto puede ser sobre su familia, sobre sus pasatiempos o sobre su carrera. Simplemente siga haciendo preguntas, interponiendo parte de su propia información cuando se le pregunte, y de lo contrario simplemente deje que la otra persona continúe. Aliente a otros a hablar para que no tenga que ser usted el que esté haciendo la charla inactiva todo el tiempo.

Para ayudar con ello, asegúrese de hacer preguntas abiertas, que requieren más de un sí o un no de la respuesta de la otra persona. Si simplemente hace preguntas cerradas, obtendrá respuestas muy cortas y probablemente se quedará sin una conversación muy rápidamente.

Además, si la otra persona le hace algunas preguntas, intente dar una respuesta completa. No responda solo con un "sí" o un "no", incluso si la pregunta es un poco cerrada. Hacer esto cerrará el esfuerzo que la otra persona ha hecho, y puede sentir que no desea que la conversación continúe. En su lugar, elija ampliar cualquier pregunta que le hagan, permitiendo que tanto usted como la otra persona se enriquezcan mutuamente.

Crear metas para sí mismo

Existen muchos objetivos diferentes que puede establecer para obtener el máximo provecho de su mejora social. Puede elegir abrir la puerta de entrada cuando alguien toque el timbre y hablar con esa persona durante unos minutos. Puede aceptar inscribirse en una clase o taller, y luego tener como objetivo hablar con alguien en cada clase. Puede comenzar a asistir a una actividad social en la comunidad e ir a reuniones regulares, donde conocerá a otros lugareños.

Cuando elige objetivos, debe seleccionar los que le desafíen un poco, aquellos que le empujarán fuera de su zona de confort, pero que no serán tan difíciles que no será capaz de alcanzarlos. Establezca un objetivo y luego elija las estrategias correctas que lo ayudarán a alcanzarlo, de modo que termine mejorando su vida social, paso a paso.

Comience con un objetivo a la vez, para que no asuma demasiado de repente. Elija uno de los objetivos anteriores o un objetivo social diferente que le atraiga, y luego comience a partir de ahí. De esta manera, puede lograr el éxito al lograr el primer objetivo, y generar confianza e impulso para intentar el segundo objetivo, y así sucesivamente.

Recuerde felicitar a los demás

Los cumplidos serán su mejor aliado. No tardan mucho en ser recibidos, y harán que la otra persona se sienta increíble. Es una manera muy sencilla de ponerse del lado bueno de otra persona, y como resultado, la conversación fluirá mucho más libremente.

Los cumplidos son una de las mejores maneras de abrir la puerta a una nueva conversación. Puede felicitar a uno de sus compañeros de trabajo por lo duro que trabajó en la presentación que acaba de realizar. Puede felicitar a un amigo por su nueva promoción o a un vecino por comprar un automóvil nuevo. Siempre existe algo por lo que felicitar a otra persona, incluso si es tan simple como señalar que le gusta su chaqueta y preguntar de dónde la obtuvo.

Los cumplidos deben mostrar a los demás que es amigable. Las personas amigables están dispuestas a dar cumplidos, ya sea que conozcan bien a la persona o no, y liderar la charla con un cumplido o encontrar otro lugar natural para agregarlo puede ser muy útil.

Puede intentarlo la próxima vez que conozca a alguien nuevo. Tómese unos segundos mientras le presentan para encontrar algo sobre esa persona que pueda alabar. Puede elegir su atuendo, sus zapatos, su apretón de manos, su cabello o cualquier otra cosa. El cumplido no tiene que ser relevante, pero muestra que realmente está notando a la otra persona y le ayuda a atraerlo hacia usted.

Manténgase actualizado sobre los hechos recientes

Una de las cosas más difíciles con las que tiene que lidiar cuando trabaja en las pequeñas charlas es encontrar temas de los que hablar con otras personas. Existen muchos temas diferentes de los que puede hablar con otra persona, incluidos amigos, familiares, pasatiempos, carreras, intereses y eventos actuales.

Los eventos actuales, siempre que no sean demasiado controvertidos, pueden ser un gran tema para plantear, y pueden llevar a una conversación más extensa a medida que usted y la otra persona van y vienen de diferentes historias en las noticias sobre las que ha leído. La mejor manera de tomar ventaja es mantenerse al día con todas las noticias y tendencias actuales que pueda encontrar, lo que lo ayudará a tener algo de qué hablar en cualquier ocasión. Por ejemplo, puede buscar en línea, ver las noticias y leer revistas para ayudarlo.

Lo más importante es evitar cualquier tema que sea demasiado controvertido, incluida la religión y la política. No desea arruinar una amistad potencial solo porque decidió mencionar la política en los primeros minutos de conocer a alguien nuevo. Pero tómese el tiempo para hablar sobre cualquiera de los otros eventos actuales y noticias que puedan ser de su interés.

La práctica hace la perfección

La práctica es una de las mejores formas de ayudarle a mejorar sus habilidades sociales. Si acaba de leer esta guía, pero no supera una situación social para usar estas sugerencias, entonces son solo teorías y nunca mejorará. Tiene que ponerse en situaciones sociales para ayudarse a practicar un poco y observar el progreso que desea tener.

Cualquier persona, incluido un introvertido tímido, puede aprender a mejorar sus habilidades sociales. Puede llevar tiempo, y puede cometer errores en el camino, pero valdrá la pena a largo plazo. Cuanto más pueda salir y más tiempo practique, mejor será en este esfuerzo.

Intente salir solo unas pocas veces al mes y aumente a partir de ahí

Para un introvertido, a veces puede ser difícil salir y entrar en situaciones sociales. A veces, solo ir al trabajo y a la tienda durante toda la semana es suficiente para agotarlo. Pero si desea trabajar en sus habilidades sociales, debe evitar poner excusas e involucrarse en situaciones sociales.

Del mismo modo, si es tímido, también puede esforzarse por salir y conocer gente, pero esto es porque no sabe cómo expresarse y tiene miedo de sentirse avergonzado o rechazado. Para ganar confianza y evitar este miedo, mientras aprende a comunicarse de manera efectiva, también es importante salir y exponerse más socialmente.

No tiene que salir todas las noches de la semana. Solo necesita salir un poco más de lo habitual. Incluso solo agregar uno o dos eventos sociales a su calendario al mes puede hacer una gran diferencia en cuánto trabaja en sus habilidades sociales. Y cuanto más salga, más cómodo se sentirás. De hecho, incluso puede encontrar que las actividades sociales, cuando son limitadas y en sus propios términos, pueden ser más agradables.

Tiene la libertad de elegir a qué eventos sociales le gustaría asistir, como un club de lectura en la biblioteca o salir con unos amigos a tomar un café. Puede asistir a una reunión en el centro cívico de su ciudad o simplemente ir a un restaurante con su pareja, en lugar de pedir comida para llevar. Todo esto le ayuda a salir de casa, hablar con diferentes personas y expandir un poco su zona de confort. El resto de las noches del mes se pueden reservar para ir a casa y renovarse a su propio ritmo.

Identifique y reemplace cualquiera de sus pensamientos negativos

Muchas personas que lidian con las pequeñas charlas e interacciones sociales también pueden tener muchos pensamientos negativos sobre sí mismos como resultado de ello. Esto es particularmente cierto si la persona tiene dificultades debido a la intensa timidez o ansiedad social, y puede suponer que a nadie le agrada, que va a decir algo "estúpido", o que simplemente terminará avergonzándose de sí mismo. El mayor problema con el pensamiento constante de estas ideas es que pueden convertirse en una profecía autocumplida.

Por ejemplo, es perjudicial decirse a sí mismo: "Soy muy aburrido, si voy a la fiesta, nadie querrá hablar conmigo o terminaré avergonzándome a mí mismo". Debido a estos pensamientos negativos y al deseo de evitar sentirse avergonzado, puede sentarse a solas en un rincón durante toda la fiesta.

Luego, al marcharse, pensará que debe ser cierto que es demasiado aburrido, porque nadie habló con usted en toda la noche.

Si desea mejorar sus habilidades sociales y aprender a comunicarse con los demás, debe aprender a deshacerse de estos patrones de pensamiento poco saludables. Comience por identificar los pensamientos negativos que lo están arrastrando hacia abajo. Una vez que los haya encontrado, puede trabajar para reemplazarlos con otros pensamientos positivos y realistas, lo que ayudará a construir su confianza.

Al realizar estos cambios, puede controlar su propio destino. En lugar de pensar que es aburrido y seguro que comete errores, puede comenzar con una pequeña charla motivadora para superar cada situación social. Por ejemplo, la próxima vez que asista a un evento social, comience diciéndose a sí mismo: "Puedo entablar una conversación amistosa y puedo conocer gente nueva".

Es importante que no se permita detenerse en pensamientos improductivos que actúan en su contra y en el cambio que busca inspirar en su vida. Si un pensamiento le hace sentir mal consigo mismo o le impide socializar con otros, entonces es destructivo y debe ser desafiado.

Tener un buen conjunto de habilidades sociales es tan esencial cuando se trata de ser un comunicador efectivo. Las grandes habilidades sociales no son fáciles, y todos a veces experimentan torpeza. Tiene que seguir intentándolo y ser constante, incluso si fracasa. Mejorará con el tiempo, y estas habilidades sociales pueden servirle durante toda su vida. Nunca es demasiado tarde para comenzar a probar algunas de estas sugerencias para ayudarle a cambiar la forma en que se ve a sí mismo, a medida que aprende a comunicarse con facilidad.

Conclusión

Gracias por concluir *Pequeña Charla: Una Guía para Introvertidos Tímidos para Ser Más Simpáticos y Construir Mejores Relaciones, Incluso Si Padece Ansiedad Social, Incluyendo Temas de Conversación y Consejos para Mejorar Sus Habilidades Sociales.* Esperemos que haya sido informativo y capaz de proporcionarle todas las herramientas que necesita para alcanzar sus objetivos, sean cuales sean.

El siguiente paso es comenzar a utilizar algunos de estos consejos y trucos y observar qué diferencia pueden lograr en sus habilidades de comunicación con los demás. Como un introvertido tímido, a veces puede ser difícil hablar con otros y formar algunas de las conexiones significativas que está buscando. Es posible que desee hacer amigos, pero socializar puede agotarlo, lo que hace que no sea atractivo salir, y si también es tímido, su miedo puede mantenerlo como rehén cuando realmente quiera salir y hacer amigos. Debe tomarse el tiempo para renovar su energía antes de los encuentros sociales, lo que significa que cualquier socialización en la que participe debe contar, pero también necesita desarrollar las habilidades y la capacidad para superar sus miedos y su diálogo interno negativo.

Las pequeñas charlas puede que sean algo que a los introvertidos realmente no les agrade hacer, pero es algo que forma la base de todas las grandes relaciones. Esta guía tiene todos los consejos que necesita para convertirse realmente en un experto en una pequeña charla y hacer que funcione para usted. Al aplicar los principios explicados en este libro, puede tomar el control de su vida y aprender no solo a comunicarse de manera efectiva, sino a encontrar satisfacción en las interacciones sociales.

Cuando termine de implementar estas sugerencias, será un experto en las pequeñas charlas y será capaz de sorprender a cualquiera en su próxima reunión social, incluso como un introvertido tímido.

Finalmente, si encuentra este libro útil de alguna manera, ¡siempre apreciamos su reseña en Amazon!

Check out another book by Matt Holden